DIZER

uma prática de escola

ESCOLA
LACANIANA
DE
PSICANÁLISE

DIZER

uma prática de escola

ESCOLA LACANIANA DE PSICANÁLISE

MEMBRO DE CONVERGÊNCIA: MOVIMENTO LACANIANO PARA A PSICANÁLISE FREUDIANA

INSTITUIÇÃO CONVOCANTE DA REUNIÃO LACANOAMERICANA DE PSICANÁLISE

A REVISTA DIZER é uma publicação semestral da
Escola Lacaniana de Psicanálise do Rio de Janeiro, fundada em 1988.

EDITORAÇÃO ELETRÔNICA
FA - Editoração Eletrônica

FICHA CATALOGRÁFICA

Dizer / Escola Lacaniana de Psicanálise – n. 0 (ago. 1990)
Rio de Janeiro : A Escola, 1990 -

n. 14, 2003

Semestral
ISSN 1678 - 41111

1. Psicanálise - Periódicos. I. Escola Lacaniana de Psicanálise

---

ESCOLA LACANIANA DE PSICANÁLISE – RJ
Av. Ataúlfo de Paiva, 255 - sala 206
Leblon - Rio de Janeiro - RJ - cep 22440-030
Tel.: (021) 2294-9336 - Fax: (21) 2239-7199
www.escolalacaniana.com.br
email: elacan@isn.com.br

Sumário

Resenhas

Porque uma escola

Maria Teresa Palazzo Nazar
Psicanalista
Membro Fundador da Escola Lacaniana de Psicanálise – RJ

Resumo

Considerações sobre a necessidade e as dificuldades na constituição de uma escola de psicanálise.
Palavras-chave: Escola, grupo, transferência de trabalho.

Résumé

Considerations sur la necessité et les difficultés dam la constituition d'une école de paychanalise
Mots-clé: École, groupe, transfert de de traicul.

"Ignorar o que se sabe para que surja saber"

Considerações sobre a vida em grupo

Um sintoma não se faz sozinho, são precisos alguns outros, pelo menos três, mais um, para que ele possa vingar. É como criança recém-nascida: ela não é, também, sem outros que a queiram amar. Porque, para que nasça uma criança, não basta uma parideira: sem amor não há. De onde vêm as crianças? Elas vêm do amor e a ele devem retornar para sair da fixidez deste lugar. Se toda neurose é infantil, por outro lado, pode-se lidar com o infantil sem ser neurótico. Aí, não é mais preciso que alguém diga ser infantil, pois sabe conduzir sua criança errante nos caminhos que escolher.

Os primeiros laços libidinais da vida de um sujeito são determinantes para seu futuro psíquico. Freud já havia notado isso quando em "Psicologia das Massas" descreve as relações de um indivíduo com as duas formas mais comuns de agrupamentos: o Exército e a Igreja. Não resta dúvida que a necessidade de um líder é uma característica comum à vida gregária, e a figura deste está diretamente relacionada à figura do pai. O líder é então identificado a uma espécie de pai substituto, de cujo amor depende cada elemento do grupo. É verdade que em certas situações o líder pode ser substituído por uma idéia comum do grupo. De qualquer modo, não se pode esquecer que o amor vem recobrir o ódio primordial que sofreu a ação do recalque. Assim, aquele que figura o pai será também objeto de intenso ódio, ódio esse muitas vezes deslocado para aqueles que lhe são mais próximos, sobretudo se ele dedica especial atenção a alguém. As relações entre os indivíduos de um mesmo grupo são regidas pela ambigüidade de amor e ódio, e a agressividade que perpassa essas relações escamoteia o fato de que são as pulsões sexuais que as comandam. Claro que o sexual, sendo um tabu tão antigo quanto a civilização do homem, não aparece senão nas vicissitudes que sofre. Na maioria das vezes, a sublimação decorrente da pulsão sexual inibida determina uma atividade intelectual altamente desenvolvida, e é também responsável pela relação ao trabalho. Assim, Eros e Ananké, amor e necessidade, dão-se as mãos para facilitar o progresso da civilização.

No entanto, se o amor e a disciplina foram capazes de preencher a lacuna deixada pelas restrições à satisfação da pulsão, de modo algum obtiveram inteiro sucesso em impedir que a agressividade e mesmo a ferocidade resultantes da pulsão sexual se presentificassem na relação entre os homens. Assim, a civilização e tudo o que dela decorre determinaram que os homens, embora agrupados entre si - e a família é a célula mínima essencial desses agrupamentos -, e submetidos à lei que quero aqui chamar de "lei do amor" como imperativo necessário à civilização, não impedissem que aqueles que não fazem parte de um determinado grupo recebessem as manifestações de ódio e agressividade nele camufladas.

Também, em dadas circunstâncias, e como resultado do convívio prolongado e isolado, é freqüente a violência e a intolerância aparecerem no seio de uma mesma sociedade como resultado do que Freud nomeou, em seu texto "O mal-estar na civilização", de "narcisismo das pequenas diferenças".

Assim, o mandamento "Ama a teu próximo como a ti mesmo" só se enuncia porque presentifica a impossibilidade de ser cumprido. Na gênese do amor, esconde-se a semente da destruição e do voto de morte mais antigo, que é aquele do momento em que, pela primeira vez, o sujeito faz sua aparição do mundo. Este mundo, universo significante e campo da palavra em que os discursos conferem a cada um sua única forma de existência, está organizado segundo uma lei fundamental que visa a perda. O significante, se é o Verbo que inaugura o sujeito, é também o que o coloca em substituição à Natureza, mas de tal modo que esse sujeito seja completamente ignorante em relação ao campo em que deve subsistir. Dessa maneira, o saber é sempre um atributo do Outro, aquele que responde da maneira mais enigmática, na medida em que sua resposta é mensagem invertida do sujeito. Assim, aquele que diz "Eu sou o que sou" determina na frase a sua perda, já que enuncia com ela que Deus está morto desde sempre, e que não há nenhuma possibilidade de alguém aceder a este saber senão pela via do deciframento da verdade de sua história, que é tudo o que se pode vir a saber, na medida em que se o diz.

Assumir o assassinato da Coisa em nome do pai permite ao sujeito fazer a passagem da pulsão ao campo do desejo. Trata-se de tomar para si o que Freud nomeia como "sentimento inconsciente de culpa", mas no sentido que implica dizer que se há alguma culpabilidade da qual não se pode escapar é a de que se é desejante e desejar não é, necessariamente, querer bem ou mal a algo ou alguém, mas simplesmente repetir como seu mandamento ético o enigma do pai como "deixa-te ser", viajante do destino que se forja com as palavras que não se recusa dizer, pois é nelas que a existência pode alcançar a mesma dignidade da Coisa perdida.

"Eu devo advir lá onde isso era", o objeto de preciosos cuidados, experiência moral da entrada do sujeito no amor, bem como na análise. Mas esse "eu" é também o que deve retornar ao seu destino, quer dizer, deve abandonar seu narcisismo para ser multidão, para ser mais um entre tantos outros. Nesse lugar múltiplo, o próximo se sustenta da mesma pouca realidade na qual teço a minha existência, e o gozo que obtenho em lhe impingir meu discurso - "amoroso", certamente - encontra nele o mesmo mal, já que, tal como eu, meu caro próximo é também solitário em seu gozo. Nada impede, no entanto, que entre nós surja o problema do amor e bem sabemos que onde se ama não se deseja. A questão que coloco, então, é: se o desejo do analista tem, na sua especificidade, ser um desejo esvaziado de sentido, ou, se quiserem, se o sentido que lhe concerne é o mesmo da ética da psicanálise, o Real, como pensar os meios de aproximação entre os analistas?

Por que uma Escola?

O liame entre os analistas norteia-se pelo discurso que os concerne, e o próprio deste discurso é justamente ser incompatível com o discurso amoroso, ainda que se diga que, "se o analista ama alguma coisa, é a pura diferença". Assim, parece que Lacan vai encontrar, na sua concepção de Escola - um lugar de refúgio contra o mal-estar na civilização - o modo adequado de convívio aos analistas. No entanto, sua experiência de Escola fracassa. Que ensinamentos tirar desse fracasso, e o que podemos propor aí? Sabemos que não se transmite psicanálise no isolamento. No entanto, não desconhecemos os efeitos imaginários que proliferam no convívio, ainda que se saiba que o que possibilita a transmissão numa Escola psicanalítica seja a transferência de trabalho.

Mesmo entre os analistas, prefere-se a mais-valia dos sintomas de cada um, e a rivalidade entre todos, a se fazer avançar um milímetro o discurso analítico, que, como sabemos, é um discurso que faz vigorar a perda de gozo. Retomando as palavras de Lacan no seu preâmbulo à Ata de Fundação da EFP, "em nossa época, a psicanálise está em toda parte - e os psicanalistas em outro lugar", parece que a prerrogativa Escola resta longe da idéia de que, efetivamente, a transferência de trabalho funciona como veículo de corte aos efeitos imaginários do liame social. Não nos furtamos ao mal-estar que encobre a culpa e o ódio, que vêm, pelo viés do amor, barrar o desejo. A pulsão retorna onde faltam palavras.

Se a psicanálise depende da produção de novos analistas, e se a formação destes necessita de um lugar onde os efeitos da psicanálise em intensão se redobrem na psicanálise em extensão, seria oportuno dizer que não devemos ter nenhuma esperança de nos fazer entender, ou mesmo de que isso que dizemos seja de interesse para um outro. Ainda assim, é necessário dizer, e pode ser que desse dizer sem esperança possa ser transmitido o de que se trata no discurso analítico.

O lugar escola deve funcionar como território delimitado para o recolhimento de alguns que desejam não apenas "pensar" a psicanálise, mas produzir no ato da palavra - falada e escrita o acontecimento que o garanta na sua função e que justifica dizer que esta tem valor analítico e de transmissão. Refiro-me às provas de que de fato ali se deu a passagem de analisando à analista. É quando algum novo analista oferece aos seus pares, passo a passo, os elementos que o justificam na teoria e prática da sua psicanálise que ele pode, de fato, fazê-la passar. E o que se trata de passar é o ponto de seu desfalecimento como sujeito diante do objeto de sua perda. Aí, onde as identificações não mais respondem pelos ideais de alguém, tem-se a chance eventual de fazer comparecer a verdade sobre o que foi para um, o amor - o amor dos e pelos pais, seu amor pelo parceiro, filhos, amigos, enfim, o amor por este outro mais secreto, espelho narcísico do futuro de uma ilusão, do ser que fixou no sintoma o não querer saber de sua per-versão. O sintoma de cada um sempre encontra eco num outro ou, em alguns outros, o que justifica que, por identificação, eles se ajuntem para melhor consistirem em suas imagens narcísicas e para melhor encenarem a farsa do social, com tudo o que sabemos que implica estar em "sociedade" com alguém.

A relação imaginária tem como sua função fundamental elidir o quarto termo, isto é, "a realidade mortal, o instinto de morte que se demonstrou condicionante dos prestígios do narcisismo".[1]

Não façamos "bolinhos" com o termo escola. Nenhuma receita serviu até agora; estamos longe dos fundamentos que justificam esse lugar.

Não faltam iniciativas, elas proliferam aos borbotões. A questão é que não basta o nome escola para que isso funcione. O atributo não garante, aqui, a existência efetiva. É ilusório achar que se pode escapar à

[1] Lacan, Jacques, 1998, pg. 353, 354

função imaginária com aparentes rigores teóricos e supostos "trabalhadores" empenhados. Decidir por uma escola implica, primeiro, que se saiba que ela é cada um, mas como lugar de transmissão exige, de saída, estar com outros. O agrupar-se faz apelo ao imaginário. A aposta é, então, depositada sobre o que cada analista deve saber, e sobre o que ele não esqueceu de sua própria experiência com o real, já que, este, sempre idêntico a si mesmo, muda tudo para um sujeito que com ele se defrontou numa análise.

Os homens não deixarão jamais suas tolices, no entanto, nada os impede de se deixarem ser, também, tolos no real. Há, aqui, uma grande diferença. Porque ser tolo do real significa não hesitar em se utilizar das ferramentas do simbólico para extrair do real o que se pode saber, o que é possível saber. E isso, sem que se deixe de levar em conta os inevitáveis efeitos imaginários, contra-peso da operação.

Por que, então, não chegamos a ter sucesso com a idéia de escola? Primeiro porque das vicissitudes das análises sabe-se muito pouco e, mesmo aqueles que deram provas de terem chegado à outra margem do rio, novamente se ancoraram em algum significante para sustentar sua passagem. Isso implica em que se faça uma nova consistência, ainda que seja a que advém da criação de um nome novo. Talvez essa seja a razão pela qual Lacan dizia sempre que " ele não cessava de passar o passe". E se ele próprio não pode mais sustentar em ato sua palavra de passe, são os significantes que constituem o legado de sua obra que o fazem continuar, ainda, fazendo passar para além de sua morte.

O segundo ponto a ressaltar diz respeito, exatamente, à dimensão do mortal e à relação que isto guarda com o final de análise, a propósito da subjetivação da morte. Uma análise não chega ao fim se o sujeito não for capaz de se despojar de todas as imagens narcísicas que vestiram seu ideal de eu, até que não reste mais que o ponto de presentificação da morte, eu ideal perdido no momento do júbilo primeiro quando o sujeito, exaltado na imagem construída com os traços do amor do Outro, elidiu o despedaçamento de sua divisão. É aí que ele deve advir, no retorno ao "cara, eu perco, coroa, você ganha".

Sem cara e sem reino, o sujeito habita o Vale da Morte, o intervalo entre o dito e o que fica por se dizer.

Ao longo de sua história, história do sentido, este sujeito disso se esquece. Na verdade, ele não poderia saber de saída, pois esse saber deverá construir para que o seu mito individual tome a consistência de sintoma e, assim, ele possa ter a sua neurose.

Na experiência de escola, a função do quarto termo baliza o funcionamento dos cartéis. O + 1 é o elemento que deve presentificar o ponto de perda onde a palavra possa ser relançada a partir do não-saber que está na origem do ato de dizer. Assim, pode ser que

> "a palavra apareça tanto mais verdadeiramente como uma palavra na medida em que sua verdade é menos fundada sobre o que se chama de adequação à coisa: a verdadeira palavra se opõe assim, paradoxalmente, ao discurso verdadeiro, sua verdade se distinguindo no sentido em que a primeira constitui o reconhecimento pelos sujeitos dos seus seres na medida em que eles estão ali interessados, ao passo que a segunda é constituída pelo conhecimento do real, na medida em que ele é visado pelos sujeitos nos objetos. Mas cada uma das verdades aqui distintas se altera ao cruzar a outra na sua via.
>
> É assim que o discurso verdadeiro, ao destacar na palavra dada os dados da promessa, fá-la parecer mentirosa, já que ela engaja o porvir que, como se diz, não pertence a ninguém, e ainda ambígua, na medida em que ela ultrapassa sem cessar o ser que concerne, na alienação que constitui o seu devir.
>
> Mas a verdadeira palavra, ao interrogar o discurso verdadeiro sobre o que ele significa, encontrará aí que a significação remete sempre à significação, coisa alguma podendo ser encontrada de outra maneira a não ser por um signo, e a partir daí o fará aparecer como votado ao erro".[2]

Mesmo com estes preciosos lembretes de Lacan na memória, muito poucas experiências demonstraram que, efetivamente, cartéis funcionaram como esse lugar que, partindo da revelação de uma ignorância, faz surgir,

---

[2] Lacan, Jacques, 1998.

na Transferência de trabalho, a mesma forma elaborada de saber que está no cerne da condução analítica - o não-saber. Esse é o fio de Ariadne que se deve tomar para que se venha, ao final, saber algo daquele que se escuta.

Será que todas as tentativas de escola em seu intuito de preservar, justamente, o que é nossa pedra de toque - a experiência de uma psicanálise fundada sobre o não-saber, verdade do inconsciente - esbarram sempre no fracasso porque, justamente, é dele que ela sobrevive, ou será que não podemos avançar sequer um passo porque, defrontados com estas formas já elaboradas de saber, que herdamos de nossos mestres, neles nos alienamos e fazemos igrejas? Afinal, é mais fácil repartir os bens que isso nos oferta do que pagar o preço do desamparo e da solidão que, reunidos sob os mesmos significantes emblemáticos, nos confere esse discurso analítico? Este se ocupa do liame social unicamente para cortá-lo, para vir lembrar no seio da bem-aventurança de Eros que sua irmã - a Morte - reclama o que lhe é devido.

Não há fraternidade possível e a mitologia antiga nos mostra isso com sabedoria. Por que, então, os analistas insistem em se juntar em verdadeiros guetos odientos senão porque, mesmo sabendo de todos os impedimentos sintomáticos que neles proliferam, estes órfãos da felicidade e do Bem têm o compromisso ético e, porque não dizer, o dever moral - já que se trata de pagar a dívida à este significante, a psicanálise, sob o qual se alinham um a um - de mostrar no ato da palavra enunciada e, demonstrar na produção de seus escritos que a função analítica continua ainda, depois de Freud e Lacan.

Não é pela sobra de narcisismo da qual não têm como se livrar, porque necessária, que eles sucumbem, vez por outra, ao imaginário das pequenas diferenças mas, porque submetidos que estão à pulsão de morte, não desejam nenhum bem ao próximo. Que este morra, isto é, que ele diga da morte após tê-la experimentado, para não perecer na culpa por dela não saber.

Um analista não guarda esperanças quanto a supostos "colegas", quer dizer, ele não espera ser compreendido por ninguém. Mas em seu isolamento, ele necessita e clama por seus pares para que sua palavra encontre eco e para que o discurso donde colhe os frutos de sua experiência sobreviva naqueles que o continuam. Que ele não se furte, então, em arriscar seu passo adiante, para não virar elefante.

Referências bibliográficas

Freud, (1927-1931). *O mal-estar na civilização*. ESB, Vol. XXI. Rio de Janeiro: Imago, 1976.

Lacan, J. *Variantes da curativa. In Escritos*. Jorge Zahar Editor: Rio de Janeiro, 1998.

Lacan, J. *O Seminário*, livro 7 (1959-1960), *A ética da psicanálise*. Rio de Janeiro: Jorge Zahar Editor, 1991.

Esboço sobre a angústia

Celso Pereira de Almeida

Psicanalista
Membro da Escola Lacaniana de Psicanálise – R.J.

Resumo

Discussão sobre o conceito de angústia nos vários tempos da elaboração da teoria freudiana e a reformulação de 1925: de estado à estrutura.
Palavras-chave: angústia, afeto, real

Résumé

Discussion sur le concept d'angoisse aux differentes étapes dans l'élaboration de la théorie freudienne et le reformulation faite en 1925: d'état à la structure.
Mots-clé: angst, affect, réel

A angústia, para Freud, apesar das reformulações por ele executadas no decorrer de sua teorização, será sempre um estado de afeto. Ela é uma afetação, que se assimila a algo sentido (o que pode ser lido tanto como sentimento quanto como invocação necessária de um sentido, já que este radicalmente falta).

Uma vertente essencialmente econômica da angústia, apontaria para uma tentativa de conceituação que levasse em consideração a existência de uma quantidade monumental de energia libidinal não-eliminável, a qual mobilizaria atividades de descarga. Isto está intimamente associado à definição de "situação traumática", entendida como um afluxo incontrolável de excitações demasiadamente múltiplas e intensas (idéia que Freud vem sustentando desde os primórdios da invenção psicanalítica).

Outra visada da angústia, de feição mais dinâmica, seria nitidamente dependente dos desenvolvimentos da assim chamada segunda tópica, dando relevo ao Eu como sede desta afetação, e introduziria a questão do "sinal de angústia" como assinalando o surgimento de um perigo iminente.

A discussão sobre a angústia passa irremediavelmente pela oposição interno/externo, e isto a ponto de impor o aparecimento da expressão "angústia automática", como caracterizando a reação a um perigo externo, no contraponto com o "sinal de angústia", o qual denunciaria uma ameaça interna.

Em 1926, no artigo "Inibição, sintoma e angústia", recortamos minimamente dois pontos, quais sejam:

1 - *automatische Angst* em oposição aparente a

2 - *Realangst*.

– a angústia automática seria uma reação automática sempre reproduzida frente à situação traumática, quando se dá um como que submetimento a um afluxo de excitações que o Eu considerasse como impossível de dominar. Esta definição tenta introduzir uma diferenciação, ao privilegiar uma resposta espontânea do organismo à situação traumática, ou à sua reprodução (o que parece pouco sustentável na obra freudiana).

– por outro lado, o termo *Realangst* – e sua utilização demarca uma segunda teoria freudiana da angústia, inteiramente já no âmbito da dimensão metapsicológica – recortaria a angústia como se dando perante um perigo exterior, constitutivo de uma ameaça real para o indivíduo, o que faz surgir como noção (um procedimento habitual em Freud) "algumas luzes e algumas sombras".

Em *Realangst*, "Real" é substantivo, não qualifica a própria angústia, mas aquilo que a motiva. Esta abordagem parece conduzir à oposição entre a angústia diante de um perigo real e a angústia perante a pulsão, o que de qualquer modo terá conseqüências doutrinais fundamentais (Anna Freud se mantém na primeira abordagem, privilegiando certamente seus mecanismos de defesa. Entretanto, não nos devemos esquecer de que a angústia pode e deve ser encarada como algo da ordem de um motor, que faz avançar, e neste sentido demonstraria certa irmandade com o comparecimento do conceito de pulsão na teoria psicanalítica).

É preciso conservar a noção de que a força constante da pulsão mantém relações estreitas com a geração de angústia (e nesta visada não me parece exagerado evocar a radicalidade do termo "Real" em Lacan).

A angústia perante o real, este que é absolutamente "estímico", não se confunde com uma noção de vagueza tal como "realidade externa". O "perigo real", implicado na angústia, é inseparável da nomeação de *das Unheimliche*, ou seja: de exterior como estranho.

O termo *Angst* é um dos mais polêmicos entre os tradutores de Freud; em alemão *Angst* quer significar "medo", abarcando desde os sentidos de "temor" e "receio" até os sentidos intensos de "pânico" e "pavor", podendo referir-se a objetos tanto específicos quanto inespecíficos. Não há bons equivalentes, em alemão, para "ansiedade" e "angústia", e ocasionalmente os três termos (angústia, ansiedade e medo) podem se corresponder. É preciso citar, como um complicador a mais, que a oposição freqüente admitida entre o medo (que teria um objeto determinado) e a angústia (que se definiria pela ausência de objeto) não é perfeitamente ajustável às distinções pretendidas por Freud. Não nos podemos furtar à evidência de que há um ponto em que língua coloquial, tradições de tradução e teoria psicanalítica se entrecruzam.

O próprio Strachey, com o peso inegável de sua autoridade, opta por traduzir *Angst* por *anxiety* por respeito à tradição psiquiátrica inglesa, que consolidara o uso deste termo técnico desde o século XVII: o termo universalmente, e talvez infelizmente, adotado para esse fim foi *anxiety* – infelizmente, já que *anxiety* tem apenas uma remota conexão com qualquer dos usos, em alemão, de *Angst*.

Freud, isto é visível, transita num mesmo parágrafo, de um uso coloquial para um uso técnico, bem como freqüentemente emprega os termos de modo que se possa fazer uma dupla leitura (ora como designação nosológica, ora como afeto). Além disso, Freud transcende o quadro estrito da nosologia psiquiátrica, abarcando psicanaliticamente dimensões ligadas à língua e à cultura.

Ao longo de sua vasta obra, Freud envereda por diversas elaborações a propósito da angústia; ele mesmo, depois de 1925, refere-se repetidamente às suas duas teorias, as quais ainda que se superpondo e se entrelaçando até certo ponto, se diferenciariam em alguns itens, notadamente naqueles que manifestariam alguma relação com a evolução do conceito de recalque.

Pode-se dizer, bastante esquematicamente, que até 1925, ele considera a angústia como efeito de um excesso de estímulos (*Reize*), represados devido à não-satisfação pulsional: o Eu, impedido de descarregar a libido sexual, sofre com o acúmulo de excitações, as quais – no intuito da descarga – transformar-se-iam em sintomas de medo, com todo um cortejo de equivalentes físicos e orgânicos. As circunstâncias externas concretas e a maturação ainda insuficiente, impedindo a livre satisfação dos anseios pulsionais, produziriam estados de angústia: o excesso de excitações é vivido pelo *Ich* como algo avassalador, num estado de supremo desamparo (o termo *Hilflosigkeit* carrega-se de intensidade, expressando as relações entre desespero e trauma).

O recalque, impedindo a satisfação das exigências pulsionais, nesta altura, é aquilo que acaba por produzir as várias formas de *Angst*. A reformulação de 1925/26 manterá a idéia de que o *Ich* exposto ao excesso de excitação vive uma situação de desamparo, necessitando da criação de meios com que lidar com o turbilhão de estímulos que o acometem.

É com o desenvolvimento da segunda tópica que o Eu será situado como local de impacto da afetação; aí pois começa a se apresentar uma outra concepção da relação entre recalque e angústia. Freud virá a afirmar que será aquilo que o Eu *sente* frente ao *perigo* que levará à produção do recalque, por um *sentimento* que se tematiza basicamente como temor à castração ou medo da perda do amor materno.

A nova e introdutória Conferência (de número 32) acrescentará algo de importante à teoria da angústia, referindo-a uma vez mais à noção freudiana de "evolução", e com a questão do "só-depois": "Estudando as situações perigosas, constatamos que a cada período de evolução corresponde uma angústia que lhe é própria: o perigo de abandono psíquico coincide com o primeiríssimo despertar do Eu; o perigo de perder o objeto (ou o amor) com a falta de independência que caracteriza a primeira infância; o perigo da castração com a fase fálica; e, finalmente, o medo

do Supereu, que ocupa um lugar particular no período de latência".
A capital importância da noção de "só-depois" no aparelho conceitual de Freud, que além do mais aponta para as questões da temporalidade e da causalidade psíquicas, nos leva à constatação de que, em geral, não é a vivência que é remodelada posteriormente, mas antes aquilo que, no momento em que foi vivido, não pôde integrar-se plenamente num contexto significativo.

Esta "remodelação" é acelerada pelo surgimento de acontecimentos e de situações, ou por uma dita "saturação orgânica", fatores que hão de permitir ao indivíduo, na melhor das hipóteses, o acesso a um novo tipo de significação e à reelaboração das suas experiências anteriores. Lembremo-nos de que a questão da sexualidade humana é indestacável da noção de "só-depois", já que é exemplar com relação à defasagem temporal ali implicada. A teorização da pulsão, com a tintura sexual que embebe o conceito, abre para a angústia um outro trilhamento, novo: já não se trata apenas do motor de uma ação diferida, mas de uma abertura para a operacionalidade em jogo numa temporalidade nova.

Todavia, mesmo alterando sua concepção sobre os mecanismos de geração da angústia, e apesar de empregar o termo ora como designação técnica de um quadro a bem-dizer psiquiátrico, ora como descrição fenomenológica de sentimentos e ora numa acepção psicanalítica, a maneira como Freud utiliza *Angst* tende a reunir as mesmas características constitutivas desta forma no alto alemão por ele empregado.

Se, a princípio, *Angst* constitui-se numa reação a um perigo sentido como tal pelo Eu, sem que por isso tenha condições de apreendê-lo precisamente e, menos ainda, explicá-lo, é necessário admitir que *Angst* difere radicalmente de *Furcht* (o medo) e de *Schreck* (o horror, o pavor), embora uma possa ser tomada pelos outros. Padece de fragilidade a concepção de que o medo remete a um objeto definido (em contraposição a uma angústia que remetesse à falta de objeto), mas de certo modo a discussão se valida por re-introduzir o estatuto do objeto que esteja em jogo. O horror presentificará o efeito de surpresa que atinge o "Eu despreparado", no defrontamento com a irrupção abrupta de um determinado acontecimento, aproximando-se das reações fóbico-inibitórias e do dito e propalado "pânico". A angústia, porém, refletiria uma posição de expectativa frente a um evento indistinto, o que não é sem portar, neste caso, algo de protetor contra o horror pânico, com a condição de que se tenha para ela um suporte efetivo (em contrapartida, a insuportabilidade do estado de angústia, em vez de incitar a um trabalho, daria espaço para uma deriva em direção ao naufrágio inibitório, ao curto-circuito da passagem ao ato e, *last but not least*, à formação sintomática neurótica, todas vertentes que tentariam evitar, invalidar, a reativação daquilo que está no âmago do traumático, a ser tomado por nós pelo viés da disjunção entre saber e verdade).

A angústia tem, outrossim, esta natureza assinalante, seu caráter de nunca enganar.

Sabemos todos, e isto merece num segundo tempo todo o desenvolvimento que nos for possível, que é no *Seminário X* que encontramos, por via do ensino de Lacan, uma grade rigorosa para a aproximação a uma "operacionalidade" da angústia. Lacan recupera a agudeza freudiana ao nos demonstrar que os transbordamentos provocados pela afetação sinônima da angústia são da ordem de uma deriva, de um movimento em que algo se desata, se desprende, se desencadeia sem remédio: "O que eu disse do afeto... é que ele não é recalcado; e isto, Freud o diz como eu. Ele se desamarra, afasta-se à deriva. Encontramo-lo louco, deslocado, invertido, metabolizado, mas ele não é recalcado".

Podemos supor que a isto responderá a construção do sintoma neurótico, pela substituição da não-relação assinalada com angústia pela tentativa reiterada do compromisso, em que uma das faces luta na consecução da impossível tarefa de ligar a libido num todo (do lado do Eu), e a outra revelando a verdade daquilo que advém da exigência pulsional.

Como Freud já brilhantemente esboçara, disso dá testemunho como neurose/tipo a neurose obsessiva. Ali fulguram as manifestações fóbicas, em que sintoma e inibição se adicionam (em que isto poderia nos servir para um trabalho de discriminação de vicissitudes tais como o medo e o pânico?). Ali também recolhemos as possibilidades múltiplas de ritualização idealizante, de hierarquização, e as condutas de acumulação, de anulação, até mesmo a renegação reiterada...

Seria talvez preciso dizer que o que reside no cerne do recalcado, por seu retorno, comparece como angústia, clamando por simbolização: para tal, no entanto, algo de um gozo, que o Eu – apenso à imagem privilegiada que o fantasma na neurose sustenta e mumifica – enclausura por caminhos espúrios de inibição e sintoma, possa ceder...

O real da angústia é fator de reapresentação daquilo que está em jogo na castração, enquanto reivindicações libidinais a esta ligadas, assinalando o superinvestimento destas reivindicações como possibilitadoras de uma satisfação sintomaticamente compromissada. Aí é a eventualidade da descarga, ou algum outro preço a ser pago num outro trilhamento.

A angústia real tece a cena da angústia neurótica, modo possível e necessário contido na formulação de que toda angústia é angústia de castração, esta indicação de Freud feita à época dos desenvolvimentos sobre o trauma do nascimento, dos quais nasceram as noções de separação da mãe, da perda do pênis no menino, e do temor da perda do amor na menina. De qualquer maneira, o que importa é que o *Ich,* ao tentar garantir-se de uma suposta promessa do *Anderes* (do "Outro"), é repetidamente remetido à sua insuficiência, e ao seu desamparo. Dito de outro modo, a castração não cessa de se escrever, por sua falta real, no imaginário. E isto equivale a dizer: haja angústia.

Junho de 2000

O LUGAR DA TESOURARIA*

CONVOCAÇÃO AOS ANALISTAS

Edméa Maria Gonçalves de Mello
Psicanalista
Membro da Escola Lacanaiana de Psicanálise – RJ

RESUMO

O deslocamento que o lugar do dinheiro deve sofrer numa Escola de Psicanálise: de signo a significante.
Palavras-chave: Dinheiro - Divida - Desejo

RÉSUMÉ

Le déplacement que l' argent doit souffrir dans une École de Psychanalyse: du signe au significant.
Mots-clé: L'argent - la dette - le désir

Gostaria de tecer alguns comentários sobre o lugar que passei a ocupar na Escola desde a última Assembléia de 15 de maio de 2002, quando assumi a Tesouraria.

Há um equívoco quanto ao nome Tesouraria ou Secretaria das Finanças. Prefiro chamar de Tesouraria e espero que no decorrer da minha fala isso fique mais claro.

Eu me candidatei a esse cargo e tal fato, logo em seguida, me levou a uma série de questionamentos.

A unanimidade na aprovação do meu nome, nesse lugar, para ocupar a Tesouraria, provocou em mim um mal-estar: não haveria uma an-

* Texto apresentado para os Membros da Escola Lacaniana de Psicanálise durante a Assembléia de 11 de dezembro de 2002.

tecipação imaginária nesse reconhecimento? ("A Escola vai ficar rica... "ficará lotada"... "haverá panfletagens"... "talvez até aumento de mensalidade").

Puro imaginário capitalista, o dinheiro tomado com o signo... signo de troca.

Pensei: alguma coisa está errada aí.

Foi necessário um tempo de escuta, escuta de alguns pares que me procuraram e escuta de outros que busquei para fazer um deslocamento e perceber o quanto de mal estar e incômodo havia nas pessoas (que ficaram até meio paranóicas) em relação a questões de uma dívida.

E para além, portanto, de quem está na função, o que se coloca é o problema do dinheiro.

Ao esvaziar essa escolha de sua pregnância narcísica (eu / moi: fui escolhida) pude fazer um deslocamento, tomando esse lugar simbolicamente.

Esse lugar da Tesouraria existe desde sempre, mas me parece que ele nunca pode ser tomado como lugar analítico.

Refundar, portanto, esse lugar como "mais um" lugar da analítica da Escola.

Restam os questionamentos.

O que se paga quando se paga uma Escola de Psicanálise? Suponho que é de outra ordem que se trata (difere portanto do pagamento de um Curso de uma Academia).

O que significa ter uma dívida com a Escola?

Dinheiro é osso, é incômodo, vergonhoso, merda, obsceno, significante da morte.

E na medida em que se pode falar do que é o obs / ceno (fora da cena) naquilo que se paga é que se pode produzir um dizer: colocar em cena o que está fora dela. A palavra legaliza.

É interessante a gente observar que o obsceno do dinheiro se mostra na vergonha que causa naqueles têm e naqueles que não têm.

A tesouraria é o lugar onde se presentifica o tesouro... de Significantes, dinheiro tomado como Significante.

Tesouraria remete também a tesoura, corte, corte de gozo.

Se paga para perder.

Perde-se o gozo para desejar.

Atualiza-se aí o impossível que tem que estar presente no horizonte de cada analista.

O impossível da relação sexual de fazer um.

Cada membro, portanto, alguém que pediu para fazer parte da Escola, que tome para si o compromisso de sua dívida em relação ao desejo de ser Membro desta Escola e não de outra.

A Escola não vai falir por problemas de pagamentos, mas sim pela não implicação de cada um. Pois é justamente o que cada um tem que tomar para si: a sua implicação através da palavra nos vários lugares, como grupos de leitura, cartéis, na escrita e também no pagamento.

Que esse lugar da Tesouraria não seja tomado nem autorizado por cada um de nós Membros desta Escola como simplesmente burocrático, administrativo, mas sim como um lugar do analista, já que se trata de uma Escola de Analistas.

Se, por acaso, um membro encontra-se em dificuldades para sustentar seu desejo de membro, que ele se sinta convocado não pelo tesoureiro, mas por sua própria dificuldade de dizer sobre isso e não ficar, ao contrário, oferecendo o seu silêncio.

Desta maneira uma escola de Psicanálise vai à falência pelo silêncio dos seus participantes.

Penso que, nesse momento, é necessário que essa função esteja encarnada em um nome que seja o meu.

Eu me "ofereço" nesse lugar para que essa função possa vigorar e, portanto, circular. Lugar esse enquanto terceiro como o lugar da palavra, e não do super-eu.

Não é de uma moral que se trata, mas sim de uma Ética, a Ética da Psicanálise.

É essa convocação eu faço a todos participantes desta Escola.

Que cada um possa dizer, se pronunciar como irá pagar sua "libra de carne".

Um sonho de Freud

Ana Beatriz Favero

Psicanalista
Membro da Escola Lacaniana de Psicanálise – RJ
Mestranda em Psicologia Clínica pela PUC–RJ

Resumo:

O objetivo deste trabalho é analisar a relação existente entre os complexos de Édipo e de castração em Freud e Lacan, a partir dos mitos *Édipo Rei* e *Totem e tabu*. A contribuição de Lacan para o estudo está referida a uma interpretação estrutural do mito edipiano, contraposta à interpretação cultural utilizada por Freud.
Palavras-Chave: psicanálise, complexo de Édipo, complexo de castração.

Abstract:

The present study aims to analyse the relationship between the Œdipus complex and the Freudian-Lacan castration complex, based upon the Œdipus myth and the Totem and taboo. Lacan's contribution to the study is through the structural interpretation of the edipian myth, as opposed to the cultural one, espoused Freud.
Key Words: psychoanalysis, Œdipus complex, castration complex.

No início de *A significação do falo*[1], Jacques Lacan (1998) sustenta a idéia de que Sigmund Freud, em seu texto *Análise terminável e interminável*, faz referências a uma irredutibilidade das seqüelas do complexo de castração no inconsciente masculino e do *penisneid* no inconsciente da mulher. Lacan (1998) afirma ainda que Freud, em *O mal-estar na civilização*, sugere um desconcerto não contingente, embora essencial, na sexualida-

[1] Os textos e livros citados ao longo do trabalho encontram-se referenciados na bibliografia.

de humana. Segundo a leitura lacaniana, este desconcerto na sexualidade humana de que fala Freud é irredutível a dados biológicos, sendo demonstrado de forma clara pela própria necessidade do mito subjacente à estruturação do complexo de Édipo (LACAN, 1998, p. 692-693).

Ainda conforme a teoria lacaniana, identificado desde a primeira infância, o complexo de Édipo se constitui a partir de uma relação do sujeito frente à castração, sendo este laço da castração à lei uma função estruturante para as diferentes fases do desenvolvimento do sujeito, no que se refere ao seu desejo e à sua posição subjetiva. Para Lacan, a castração, já que estruturante, está ligada à evolução, ao progresso, à maturação do desejo no sujeito humano. Não se trata de uma castração que se dirija aos órgãos genitais masculino ou feminino, mas ao falo. Em Freud, a castração tem um caráter essencial desde o começo, colocando-se no centro do Édipo nos momentos em que se enfatiza a equivalência do falo simbólico para ambos os sexos, em que se refere ao caráter organizador da sexualidade, ou da orientação dos desejos do sujeito frente a seus pais.

Os complexos de Édipo e de castração não são sinônimos e se destacam em Psicanálise porque ambos se presentificam na clínica, cada qual de uma maneira própria, possibilitando ao analista observar diferenças no que se refere às particularidades próprias das estruturas neuróticas, psicóticas e perversas. De certo modo, o Édipo e a castração respondem pela emergência do sujeito de um discurso, funcionando para o analista como bússola, em termos de diagnóstico e direção da cura.

A castração simbólica se manifesta necessariamente no plano imaginário, sendo introduzida por Freud referenciada à noção da Lei primordial e ligada à articulação simbólica da interdição do incesto e do assassinato do pai. É um ato simbólico, cujo agente é alguém real: o pai ou a mãe que diz para a criança parar de brincar com seu pênis "senão eu vou cortá-lo"; e cujo objeto é imaginário, o falo, porque se o menino se sente cortado, é por imaginá-lo. Ao contrário de um sentido concreto, literal, onde seria o próprio corte de uma parte do corpo que se separaria do resto, a castração aqui é utilizada como a efetividade da Lei do Pai.

Quando pesquiso o Édipo nos textos de Freud, utilizo dois mitos como referência: o mito em Sófocles, *Édipo Rei* (KURY, 1990), e o mito construído por Freud, *Totem e tabu*.

O herói da lenda Édipo Rei mata o próprio pai e se casa com a própria mãe, conforme previra o oráculo de Apolo. Após descobrir toda a verdade, ele não se exime de sua culpa, reconhece-a e se auto-penitencia por seus atos. Há um conflito em seu eu, envolvendo toda a sua vida mental. Por um lado, devido ao sentimento de culpa, o eu desenvolve uma necessidade de punição, serve-se de vítima, satisfaz-se com os maus tratos advindos do supereu. Por outro, esta instância através da qual se dá a identificação com o pai, o supereu, assume os atributos de um pai violento e cruel e, nas relações com o eu, a passividade supostamente recalcada do eu se restabelece.

Em *Totem e tabu*, Freud trata da hipótese da horda primeva e do assassinato e ingestão do pai primevo, com uma posterior instituição da lei contra o incesto. Este mito foi criado para que o pai se presentificasse como Lei. Antes do seu assassinato, o pai é exceção. A lei do incesto só é instituída a partir do assassinato desse pai, pelos sentimentos de amor-ódio, desejo-gozo e dívida-lei. Só então os irmãos da horda se unem em torno desta lei, formando a cultura. Esse pai que responde pela instituição da lei é o pai morto, que se torna uma figura interditória, fonte das leis, da moral e importante para a formação do sujeito, na medida em que interdita a mãe e promove o recalque da identificação da criança como o objeto de desejo da mãe. Em outras palavras, há uma relação normativa entre Édipo e castração, desde o momento que a figura paterna contribui para a formação da estrutura moral do sujeito, em suas relações com a realidade, adquirindo função quanto à assunção de seu sexo. O assassinato que está no centro deste mito não cunha o pai; para tanto é necessário que se instaure este pai edipiano e Freud recorre a Antropologia da época para fazer consistir este "ser-se um pai".

A partir de *Psicologia dos grupos e análise do ego* e *O ego e o id*, Freud propõe a saída do Édipo pela via das identificações. Há uma idealização da figura parental, razão pela qual a criança deseja se colocar no lugar do desejo do objeto de amor. Emerge, ainda, a figura de um rival, como um obstáculo à realização desse mesmo desejo.

Porém, em *A dissolução do complexo de Édipo*, Freud tenta justificar a dissolução desse complexo seja pela experiência de desapontamentos penosos, seja pela ausência da satisfação esperada, ou só porque deve ruir: chegou a hora.

Interessado na investigação do complexo de castração, Freud continua a teorizar sobre a questão e em *A diferença anatômica entre os sexos* conclui que meninos e meninas seguem caminhos diferentes no que se refere à estruturação e dissolução do complexo de Édipo. Nos meninos, há ênfase na ameaça da castração, que vai de encontro aos interesses narcísicos pelos órgãos genitais, o que provoca, junto à frustração de ser o falo da mãe, a dissolução do complexo de Édipo e a conseqüente constituição do supereu. Nas meninas, há ênfase na fase pré-edipiana, desde o momento em que o complexo de Édipo é para elas uma formação secundária; ou seja, a partir da descoberta da castração, dá-se sua entrada no Édipo. Supõe-se ainda que o supereu é resultante da criação e intimidação externa do sujeito e que a dissolução do complexo de Édipo se faz mais lentamente, podendo persistir durante toda a vida adulta. A dissolução do complexo de Édipo está, nas meninas, ligada à frustração do desejo de dar um filho ao pai e ter o falo.

A diferença anatômica entre os sexos não permite, então, que o complexo de castração ocupe, por sua própria natureza, uma mesma posição para ambos. Existem formas diferentes de expressão para algo que é comum a homens e mulheres: a entrada na sexualidade se dá apenas pela via fálica. Freud postula que, no homem, a luta contra a atitude passiva ou feminina para com outro homem é egossintônica desde o início. Nas mulheres, o *penisneid*, um esforço positivo por possuir um órgão genital masculino, é egossintônico no período específico da fase fálica.[2]

---

2 Apontando para o que há de irredutível, para homens e mulheres, no complexo de castração e, para a mulher, no *penisneid*, ou seja, numa certa relação fundamental com o falo, Freud tenta projetar a análise para o infinito, tese já discutível com Lacan que tenta descentrar o rochedo do final de análise do rochedo da castração. Com o advento do seu objeto a, Lacan tenta ultrapassar a relação da análise a partir de um descentramento da questão fálica.

O Édipo freudiano nos meninos pode ser apresentado em três momentos (JULIEN, 1999, p. 32-38):

1º) a criança está ligada à mãe (enquanto primeiro objeto de desejo para ambos os sexos) e exclui o pai – há os dois primeiros desejos de todo o indivíduo: o incesto e o assassinato do pai;

2º) a criança imagina o pai como um rival ameaçador, cuja ameaça incide sobre a imagem do corpo da criança – há a angústia de castração;

3º) a criança "abandona" essa mãe e faz uma virada narcísica sobre seu eu (*moi*). Ela salva o seu eu e, então, se volta para o pai como preferido à mãe – há o recalque do desejo incestuoso da criança para com a mãe e do desejo de morte em relação ao pai. É a saída do Édipo, através do amor pelo pai, da incorporação de sua autoridade, a que Freud nomeia de supereu: a voz do pai é interiorizada.

Relendo Freud, Lacan revigora o pai morto, aquele que já estava em *Totem e tabu*, mas que na época era trabalhado como o pai imaginário. Tal vigor permite que o sujeito se defronte com o real do pai – seu gozo, o não simbolizado, o pecado do pai, sua castração. Este é o avanço que Freud não suporta: a castração do pai. Lacan vai além: é necessário se escrever um pai, simbolizá-lo, sustentar um pai que funcione como Lei e promova o desejo (o que sempre significará um ultrapassamento desse pai). Para que o próprio funcione como Lei, é preciso haver a simbolização do assassinato do pai: o pai que promulga a lei é o pai morto.

Lacan desloca as proposições freudianas à medida que tenciona fazer uma interpretação estrutural (ao invés de uma interpretação cultural) do mito edipiano: o pai só existe na fala, na palavra da mãe que valoriza essa fala paterna como diferente de zero. A posição desse pai se situa no nível simbólico, sendo uma necessidade da cadeia significante, não dependendo como tal da maneira como se materializa em diferentes formas culturais.

Em *As formações do inconsciente*, Lacan propõe três tempos lógicos para o Édipo. Em sua descrição, há por trás dos termos mãe ou pai determinadas posições que um personagem pode ocupar, ou melhor, as funções que realiza.

No 1° tempo do Édipo, há o ternário imaginário criança-mãe-falo e a equivalência simbólica entre criança e falo proposta por Freud. A criança deseja ser o próprio objeto do desejo da mãe, oferece-se como objeto para ela, fica inteiramente submetida aos seus caprichos. O desejo da criança é ser desejado pelo Outro e tomar o desejo do Outro como se fosse o seu próprio. Não sabe que a mãe deseja algo para além dela e submete-se às suas leis. A criança identifica-se com aquilo que é objeto de desejo da mãe, o falo; crê assim completá-la. Por sua vez, a mãe se reconhece como castrada, como lhe faltando este falo. A mãe, supostamente neurótica, metaforiza seu falo no filho. E a criança se identifica com este objeto que lhe falta, com um traço que será sempre particular, sustentando seu ser aí.

O 2° tempo do Édipo corresponde à inauguração da simbolização. É marcado pelo jogo do *fort-da,* descrito por Freud em *Além do princípio de prazer*, em que a criança repete ludicamente o desaparecimento e o aparecimento da mãe, enunciando vocábulos que representam seu afastamento e seu retorno, afastando e aproximando de si um carretel que a representa, como que tentando dominar sua angústia frente à ausência da mãe. A enunciação de um par de fonemas *fort* (longe) e *da* (aqui) marca a introdução desta criança que brinca na linguagem, na dimensão simbólica. A mãe, podendo ser significada por uma palavra, passa de um estatuto de objeto primordial ao estatuto de signo. Sua relação deixa de ser imediata, pois há uma mediação simbólica pela linguagem.

Neste 2° tempo, descrito como o Édipo da *castração simbólica,* o pai intervém a título de mensagem sobre uma mensagem: uma proibição para a mãe e para o menino. Na subjetividade do menino, é aquele quem o desloca no desejo da mãe. Este pai aparece menos velado que no 1° tempo, mas ainda não revelado. Enquanto representação do pai interditor, como o pai terrível, não é o pai simbólico, pois este último aí ainda não está totalmente constituído. Neste tempo, o importante não é que o pai venha substituir a mãe em seu lugar de amo absoluto, de onipotente, pois isto deixa o sujeito igualmente em relação dual, perante um personagem que é a lei, e sim que o pai venha para indicar que o outro tem que aceitar a lei. Ele intervém duplamente como privador da mãe, enquanto priva o menino do objeto de seu desejo de ser o falo da mãe, o qual supõe que este pai *tem* algo que ele não tem, e enquanto priva a mãe do objeto fálico. Para que esta privação do objeto seja efetiva, é essencial a mãe "trocar" o filho pelo pai, como também que esta criança não fique situada como totalmente dependente do desejo da mãe. Neste mesmo sentido, para que a lei se efetive é necessário que a mãe autorize o dito deste pai.

O 3° tempo do Édipo equivale ao declínio do complexo de Édipo. Produzida a castração simbólica, o filho deixa de ser o falo. A mãe deixa de ser a lei, tampouco ela é o pai. O falo passa a ser algo que poderá se ter ou não e a lei passa a ser uma instância em cuja representação um personagem pode agir. No 3° tempo ficam instaurados a lei e o falo como instâncias que estão para-além de qualquer personagem. E, se o menino não é mais o falo, deixa de estar identificado com o eu ideal e identifica-se com o ideal do eu (a partir da identificação com o pai, o qual intervém como aquele que *tem* o falo). Em condições normais, pressupõe-se que o pai entre em jogo como aquele que tem. O pai intervém nesse nível para dar o que está em causa na privação fálica, termo central da evolução do Édipo e de seus três tempos. Aparece, efetivamente, no ato de doação. Já não é nos vaivéns da mãe que o pai está presente e, portanto, ainda semivelado, mas aparece em seu próprio discurso. De certo modo, a mensagem do pai sobrepõe-se à mensagem da mãe, na medida em que ele permite e autoriza. O sujeito pode, então, receber da mensagem do pai o que havia tentado receber da mensagem da mãe. Por intermédio do dom ou da permissão concedidos à ela, o sujeito afinal consegue que lhe seja permitido *ter* um pênis mais tarde.

Enquanto aparece como proibidor e privador no 2° tempo, no 3° tempo, o pai aparece como permissivo e doador. Realizada a castração simbólica, a lei é "não dormirá com a sua mãe, mas sim com *qualquer outra* mulher". O pai aparece como quem outorga o direito à sexualidade e, em conseqüência, produz-se a assunção necessária da identificação sexual de acordo com a natureza anatômica de cada um. A criança, que no 1° tempo estava sob a lei materna, entregue apenas a seus caprichos, não garantida enquanto sujeito em nada, no 3° tempo pode entrar no discurso a partir da ratificação desta lei. Nesse 3° tempo, trata-se do sujeito entrar em uma lei, inscrever-se em uma determinada norma de regulação dos intercâmbios sexuais. A normatização é a inscrição do sujeito em uma norma da cultura. O que faz pensar que, na cultura ocidental moderna, o papel normativo do Édipo é que o sujeito alcance, com seu declínio, uma escolha de objeto heterossexual, situando-se *corretamente* com referência à função paterna. Em outras palavras, o papel normativo do Édipo está referenciado à idéia de que o homem assuma o tipo viril e que a mulher assuma um certo tipo feminino.

Lacan constata haver uma posição freudiana original, com respeito as matérias de história das religiões, a partir da leitura que Freud faz da Psicanálise e do Édipo em *Moisés e o monoteísmo*. Freud situa Deus, esse Deus da mensagem veiculada pelos judeus, que, assassinando Moisés, reproduz o assassinato do pai da horda primitiva (PORGE, 1998). E, este mito do pai da horda é o mito de um tempo para o qual Deus está morto, permitindo que uma mensagem seja veiculada através das crenças que o faziam aparecer sempre como vivo e ressuscitado. Subvertendo essa questão, Lacan importa um termo religioso para analisar o Édipo: o Nome-do-Pai – o pai morto, o pai simbólico, o único significante do pai. Ele está ligado estruturalmente à enunciação da lei (no que ele funda como tal o fato de existir a lei), à proibição do incesto, pois é o que autoriza o texto da Lei.

Lacan concorda com Ernest Jones sobre toda interrogação freudiana se resumir à questão 'o que é ser um pai', configurando-se como uma forma de Freud não abordar sua própria história. Segundo Jones, essa interrogação é uma maneira de se aproximar do problema do significante pai e da questão de se tornar o sujeito um pai para cada neurótico e para cada não neurótico. 'Que é um pai?' é diverso de 'ser-se um pai', ter acesso à posição paterna. No complexo de Édipo, o pai é o pai simbólico, ao qual só se terá acesso no final da análise, sendo uma metáfora, um significante que surge no lugar de um outro primeiro significante introduzido na simbolização, o significante materno (PORGE, 1998).

Para retomar e concluir com o fragmento que abre este trabalho, Lacan sugere, em *A significação do falo*, um desconcerto não contingente, embora essencial na sexualidade humana, à medida que este desconcerto funda o que qualifica o caráter do mal-entendido entre os sexos, o qual não se deve a um acidente traumático. De certa maneira, a leitura lacaniana do Édipo freudiano tem também por objetivo trabalhar a questão do final de análise. E, a partir deste retorno à Freud, ele atribui valores distintos a castração e ao Édipo. Vale ressaltar que Freud salva o pai no final de sua obra, colocando como ponto-limite da análise o rochedo da castração. Lacan faz da impossibilidade de Freud a sua causa, teorizando o final da análise com a simbolização do pai, ou melhor, com a travessia da fantasia.

BIBLIOGRAFIA

FREUD, S. (1950 [1892-1899]). Extratos de documentos dirigidos a Fliess. *ESB*, vol. I, Rio de Janeiro: Imago, 1990.

____. (1900). A interpretação dos sonhos. *ESB*, vol. IV e V, Rio de Janeiro: Imago, 1987.

——. (1913). Totem e tabu. *ESB*, vol. XIV, Rio de Janeiro: Imago, 1974.

——. (1914). Sobre o narcisismo: uma introdução. *ESB*, vol. XIV, Rio de Janeiro: Imago, 1974.

——. (1921). Psicologia dos grupos e a análise do ego. *ESB*, vol. XVIII, Rio de Janeiro: Imago, 1976.

——. (1923). O ego e o id. *ESB*, vol. XIX, Rio de Janeiro: Imago, 1976.

____. (1923a). A organização genital infantil: uma interpolação na teoria da sexualidade. *ESB*, vol. XIX, Rio de Janeiro: Imago, 1976.

——. (1924). A dissolução do complexo de Édipo. *ESB*, vol. XIX, Rio de Janeiro: Imago, 1976.

——. (1925). Algumas conseqüências psíquicas da distinção anatômica entre os sexos. *ESB*, vol. XIX, Rio de Janeiro: Imago, 1976.

____. (1930). O mal-estar na civilização. *ESB*, vol. XXI, Rio de Janeiro: Imago, 1974.

____. (1937). Análise terminável e interminável. *ESB*, vol. XXIII, Rio de Janeiro: Imago, 1975.

——. (1939). Moisés e o monoteísmo. *ESB*, vol. XXIII, Rio de Janeiro: Imago, 1975.

JULIEN, P. "Clínica e psicose". In: *As psicoses: um estudo sobre a paranóia comum*. Rio de Janeiro: Companhia de Freud, 1999.

KURY, M. G. *A trilogia tebana:* Édipo Rei, Édipo em Colono, Antígona. Rio de Janeiro: Jorge Zahar Editor, 1990.

LACAN, J. O seminário, livro 4 (1956-1957), *A relação de objeto.* Rio de Janeiro: Jorge Zahar Editor, 1995.

——. A significação do falo (1958). In: *Escritos.* Rio de Janeiro: Jorge Zahar Editor, 1998.

——. A subversão do sujeito e a dialética do desejo no inconsciente freudiano (1960). In: *Escritos.* Rio de Janeiro: Jorge Zahar Editor, 1998a.

____. O seminário, livro 5 (1957-1958), *As formações do inconsciente.* Rio de Janeiro: Jorge Zahar Editor, 1999.

——. O seminário, livro 7 (1959-1960), *A ética da psicanálise.* Rio de Janeiro: Jorge Zahar Editor, 1991.

PORGE, E. *Os Nomes do Pai em Jacques Lacan*: pontuações e problemáticas. Rio de Janeiro: Companhia de Freud, 1998.

De um pai que cria à criação de um pai

Ana Claudia Moraes Merelles Bezz

Psicanalista
Membro da Escola Lacaniana de Psicanálise – RJ

Resumo

Este ensaio introduz uma reflexão sobre a noção do pai na constituição do Sujeito. Retoma a teorização freudiana acerca do complexo de Édipo e culmina nas contribuições de Lacan que aponta o pai como metáfora.
Palavras-chave: Pai, Complexo de Édipo, Metáfora

Résumé

Le travail introduit une reflexion sur la notion du père dans la constituition du sujet. Il reprende la théorization freudienne sur le complex d' Oedipe aussi bien que les contributions de Lacan ui nous montre le père comme méthaphore.
Mots-clé: Pére, complex d'oedipe, méthaphore

A História da Psicanálise nos mostra que a teoria psicanalítica esteve articulada, desde o início, ao que de real se colocava na clínica freudiana. Diferentemente do saber psicológico que surgia no meio acadêmico com base em experiências laboratoriais, a teorização da Psicanálise, simultaneamente, fundava um novo saber, nem médico, nem psicológico, mas um campo outro, ligado diretamente ao desejo de quem a criava. A Psicanálise nasce assim, de uma não recusa de seu criador à elaboração do que de surpreendente comparecia em sua clínica.

Após um século da publicação dos primeiros escritos freudianos, os conceitos psicanalíticos circulam abundantemente nos meios acadêmicos, como também na mídia em geral. Se temos, hoje, um maior reconhecimento social da Psicanálise, vemos, em contrapartida, a promoção de uma banalização de uma teoria complexa que só ganha sua efetividade no que de particular cada caso impõe a um Analista. A efetividade de um ato analítico não tem sua garantia na divulgação da psicanálise no viés da Cultura. A partir da convocação do que comparece em sua experiência, cada Analista, orientado por uma ética própria à psicanálise, se verá na condição de reelaborar os conceitos fundadores da teoria psicanalítica, que renascem quando alguém se põe a falar diante de um outro que estará ali não só para ouvir uma nova história, mas para escutar os pontos estruturais que se repetem e dizem respeito à relação do homem com a linguagem.

Para introduzir a reflexão do que vem a ser um pai na constituição do sujeito, destacarei um fragmento de um relato escutado dos pais de uma criança acolhida em atendimento, o qual suscitou vários questionamentos no que diz respeito tanto à teoria quanto ao manejo da clínica. Assim dizia a mãe: "Desde pequeno era como se para F. o pai não existisse. Quando eu precisava sair e deixá-lo na companhia de seu pai, ele chorava muito , dizendo que ficaria sozinho. Era como se para ele o pai não valesse nada."

O pai dessa criança, presente no momento do relato, confirmava as palavras da mãe, uma mulher que ao ter engravidado tardiamente do seu primeiro filho, que nasceu com problemas respiratórios, abandona o seu trabalho para se dedicar exclusivamente ao cuidados do bebê, julgando que somente ela poderia fazê-lo. Segundo a mãe, o pai tornara-se extremamente agressivo na época do nascimento do filho, não dando atenção ao mesmo. A criança, um menino de 8 anos de idade, ainda não havia se alfabetizado, embora tivesse passado por várias escolas, e trazia uma história de comportamentos extremamente agressivos dirigidos a colegas e a animais. No decorrer das sessões, compareceram fenômenos alucinatórios, além de uma relação estanque com a linguagem, fazendo o ouvinte supor que as palavras pronunciadas por ele vinham diretamente de um Outro. Diante deste caso, ficava me perguntando o que afinal fazia com que as coisas não funcionassem para esse menino, fazendo com que ele parecesse uma marionete nas mãos do Outro, sem despontar para um movimento desejante. Afirmar o estado das coisas pela história que me era relatada não justificava em nada o que se apresentava, pois imediatamente lembrava-me de tantas outras histórias que havia escutado, nas quais a criança, apesar de tudo, havia escapado de uma apreensão mortífera diante do Outro.

As histórias que nos chegam são sempre complexas, confusas, muitas vezes nos causam espanto ou perplexidade, mas o que pode interessar ao Analista 'é a escuta do que se diz para além da pregnância imaginária que porta qualquer relato. Se tirarmos alguma conseqüência do fragmento de caso clínico destacado, poderíamos levantar a pergunta do que vem a ser a construção de um pai para uma criança.

Sabemos que a problemática em torno das questões referentes ao pai foi sempre muito cara à Freud. Temos o pai sedutor do início de seus trabalhos, responsável pelo trauma sexual da histérica, temos a construção do pai mítico em "Totem e Tabu", bem como o pai colocado no centro da questão da religião como é apontado no "Futuro de uma Ilusão".

Retornando à Freud no período de 1923 à 1925, observamos a elaboração de textos que consistem numa apresentação do Édipo, essencialmente articulado à questão do pai. Se a anatomia não garante um posto confortável ao humano frente ao seu destino, será em torno das questões suscitadas pelo real do corpo que a criança começará suas investigações, que não terão outra função senão a tentativa de descobrir algo que é sempre enigmático: situar o seu lugar frente ao desejo do Outro. Nos textos mencionados, Freud destaca a idéia de que está ligada à sexualidade infantil o fato de para ambos os sexos entrar em consideração apenas um órgão sexual: o masculino. No entanto, o que se presentifica é uma primazia do falo, que embora esteja em jogo para ambos os sexos, observa-se ainda assim, um curso diferente tomado pela sexualidade em meninos e meninas. Ter ou não ter o pênis faz diferença.

Para o menino, a ameaça de castração vem abalar seu interesse por seus órgãos genitais. Essa ameaça de perder parte tão preciosa do seu corpo, posto que ele já viu no mundo seres que não as têm, acaba por gerar um conflito que impõe ao menino que volte as costas ao complexo de Édipo, introjetando a autoridade do pai, formando assim o núcleo do supereu. Já com as meninas as coisas acontecem de outra maneira. Quando efetua uma comparação com um companheiro do outro sexo, ela presume tão logo que já possuira um órgão semelhante e perdera-o por castração. A menina aceita a castração como fato consumado e só renuncia à posse do pênis numa tentativa de compensação através de um deslizamento do pênis para um bebê recebido do pai, o que a coloca numa posição de tomar o pai como objeto de amor. Com isso, Freud compreende que nas meninas, o Édipo é uma formação secundária, sendo que as operações do complexo de castração o precederam e prepararam.

A diferença anatômica entre os sexos não é, de saída, percebida pela criança. A simples visão de corpos nus, tanto dos seus pais como de coleguinhas de brinquedo, não lhe garante reconhecer de imediato que há aí uma diferenciação. O assentimento de que existem criaturas fundamentalmente diferentes que se dividem entre os que possuem o pênis e os que não o possuem, só ocorrerá quando, para a criança, a diferença no nível simbólico já puder ser recortada, algo que a tire do indiferenciado e a lance no mundo da diferença. Essa visada simbólica nos faz supor que o corpo só pode ser apreendido pela palavra.

Freud usa o termo pênis para designar a parte ameaçada do corpo do menino e ausente do corpo da mulher. O termo falo será usado com menos freqüência e é extraído em referência ao simulacro que ele era para os antigos. Ao abordar a mitologia grega, em vários momentos de sua obra, Freud destaca daí pontos que falam da estrutura do humano. Assim no mito de Eros e Psiquê, a sentença que proíbe Psiquê de ver seu amante, mas que lhe dá o direito de usufruir de todos os seus carinhos, a faz cair nos ardis da curiosidade, buscando a revelação da imagem do seu amado, recebendo tão somente em troca o cumprimento da determinação do oráculo, qual seja, a partida definitiva de Eros e a condição da mortal Psiquê levar uma vida errante pelo mundo. O que está em jogo neste mito é a dimensão de algo que se pode perder e que se ainda assim o sujeito o tem, não pode jamais tê-lo por inteiro. A dimensão do falo remete justamente para aquilo que pode vir a faltar, já estando esboçada em Freud a diferença entre pênis, enquanto órgão sexual masculino, e o falo que seria a sua representação simbólica.

O que é de interesse destacar é que nos textos sobre o Édipo, Freud constrói a idéia de que o complexo de castração, responsável pela destruição do Édipo no menino e da entrada no mesmo para a menina, comparece ligado fundamentalmente à questão do pai. É por uma via de identificação ao pai que o menino pode adquirir um tipo viril, e a menina um certo tipo de feminização, ou seja, onde a criança possa se orientar quanto à assunção do seu sexo, visto que sua anatomia não responde, por si só, à sua escolha objetal.

Seguindo a idéia freudiana sobre o Édipo, podemos nos perguntar se ele pode se constituir sem a presença efetiva de um pai. Julien chega a nos apontar que, para alguns dos pós-freudianos, a importância do pai no complexo de Édipo estaria ultrapassada, visto que não se verifica mais o pai do patriarcado contemporâneo ao Dr. Freud. Questão esta que se exacerba se pensarmos nas condições atuais de procriação, onde uma mulher pode dirigir-se a um banco de sêmen para gerar um filho, prescindindo do encontro com um homem.

Se Freud nos fala da incidência do pai no complexo de Édipo, Lacan vem nos alertar para as inúmeras confusões que se pode fazer com essa noção. Assim, em 1957, proferindo o que seria seu quinto seminário, *As Formações do Inconsciente*, ele terá o cuidado de retomar essa discussão, indicando pretender abordar questões de estrutura. Para Lacan não se trata de ficarmos presos a informações biográficas, pois o pai não deve ser procurado como presença ou ausência concreta no seio familiar. É preciso introduzir uma outra dimensão: O Pai como metáfora, ou seja um significante que surge no lugar de outro significante.

Ao retomar a questão do Édipo, Lacan introduz três tempos lógicos que marcam o atravessamento do infans rumo à aquisição do simbólico. Logo de saída, nos conduz a pensar que a criança não está a sós com a mãe, pois essa, pelo fato de ser falante, já está submersa no simbólico, o que aponta desde o início uma posição terceira, do grande Outro. A diferença que comparece desde cedo entre o que a mãe pode ler do seu filho e o que o mesmo pode lhe ofertar, introduz uma hiância que instaura a mãe como passível de faltar, o que promove na criança o desejo do desejo da mãe, marcando desde os primórdios da constituição subjetiva que Desejo é Desejo do Outro.

Neste primeiro tempo é necessário para a criança vir a tamponar a falta materna, se oferecer no lugar de falo imaginário, ou seja, o que poderia satisfazer o seu desejo, o da mãe. A criança estará à mercê deste grande Outro, pois dependerá dele para que possa obter além da satisfação de suas necessidades, o seu ingresso enquanto sujeito inscrito na ordem significante. Se o Outro é a sua salvação, pela onipotência na qual se coloca, consiste também num Outro devorador, capaz de engolfá-la pela sua presença maciça. O que poderá proteger este ser deste trágico fim é a possibilidade da mãe apontar para um mais além do seu produto, anunciando, de alguma maneira, que seu desejo depende também de um Outro.

O tempo que se segue afirma a entrada do pai como presença privadora, destituindo a onipotência materna, tornando a mãe dependente de um objeto que o Outro tem ou não tem. O que está em jogo neste segundo tempo não são as relações efetivas da mãe com o pai, mas com a sua palavra, na medida em que ela , como nos indica Lacan não seja reduzida a zero. Porém a efetivação do pai enquanto lei, detentor do falo, se dará num terceiro tempo, onde a criança poderá consentir abrir mão de ser o falo para a mãe, indo buscá-lo junto ao pai, onde trata-se para o menino de se identificar com o pai enquanto possuidor do pênis, e a menina situar onde deva ir buscá-lo, trata-se da criança aceder a diferença sexual e reservar um valor ao seu órgão.

Se frente à crueza da diferença sexual, o sujeito se verá em vias de construir seu mito, o mito individual do neurótico, trazendo um enredo para o que não tem sentido, Lacan, quando aponta para os elementos de estrutura, desloca a importância das historinhas em jogo no Édipo. O mais importante não são as histórias apaixonadas dos menininhos e menininhas com relação a seus pais. Ainda que isso se presentifique, o que importa é que seja marcada nas primeiras relações com o Outro a transmissão de uma falta que venha organizar a posição da criança no mundo. Os tempos do Édipo constituem as etapas de aquisição do simbólico, sendo que a função do pai seria a de, por uma via metafórica, substituir o primeiro significante introduzido na significação, o significante materno.

A metáfora é uma figura de linguagem que pressupõe a substituição de uma palavra por outra, em virtude de relação de semelhança subentendida. A literatura e a poesia são carreadas de substituições metafóricas, o que traz a possibilidade de uma rosa representar o ser amado, seja por sua beleza ou por, seu perfume. Fora deste âmbito metafórico uma rosa corre o risco de ser apenas uma flor, um beijo apenas troca de salivas, uma gestação apenas algo incômodo. A metáfora paterna é uma operação fundamental que introduz para o humano uma dimensão simbólica, rompendo através de uma mediaçãou, a relação dual entre mãe e criança.

Se o infans não chega a ter acesso a este terceiro, capaz de separá-lo do imediato , introduzindo-o numa relação mediada com o mundo, quais as conseqüências que poderiam advir? A psicose vem atestar o fracasso desta simbolização, da passagem da criança do falo imaginário que poderia satisfazer o desejo materno, ao falo simbólico, que introduz que ninguém o é, que ele circula. O fracasso dessa operação metafórica tem como conseqüência as perturbações das relações do sujeito com a linguagem, onde o que não é simbolizado, a partir da introdução da metáfora paterna, retorna no real. A linguagem não ganha sua dimensão de representar a coisa, ela é a coisa.

Os tempos do Édipo são tempos de criação de um Pai, o que nos indica que ele não está constituído de saída, sua função é mais do que um espermatozóide oferecido por um homem à mulher que ele tomou em seu desejo para que ela possa gerar um filho. O Pai, enquanto nome, enquanto agente da metáfora paterna, só exerce sua função na medida em que a mãe, enquanto primeiro Outro possa outorgar a ele o lugar para o qual possa dirigir o seu desejo, quando uma mãe puder reconhecer, não sem relutância, que mais uma vez um objeto não esteve à altura de encerrar o seu desejo e assim possa com relação à sua criança "deixar a desejar".

A novidade trazida por Lacan da introdução do pai como uma metáfora redimensiona a busca do pai na realidade na família, nos trazendo uma reflexão sobre a abordagem do pai na direção da cura. Se um adulto em análise presentifica os pais por uma via discursiva, trazendo os personagens da maneira como ele apreendeu o Outro, o que faz com que a versão do pai se dê de forma particular para cada filho, na clínica com crianças é de fundamental importância a presença efetiva dos pais no atendimento.

A especificidade da análise com crianças refere-se ao fato da infância ser o momento privilegiado da constituição do sujeito, onde o infans estará passando por momentos lógicos que marcarão sua entrada no mundo simbólico. O ingresso do sujeito no campo da fala e da linguagem não dá sem a presença de um outro humano que traga para a criança além das satisfações das necessidades vitais, os significantes que possam apontar que há para a criança um lugar em seu desejo. A presença efetiva dos pais coloca na ordem do dia a articulação no discurso do desejo em jogo com relação àquela criança, ou mesmo o desejo que uniu de alguma maneira o casal parental na criação de uma nova vida. Se podemos afirmar que o Pai enquanto tal ninguém jamais o foi e que a paternidade é o que coloca um homem na posição de se perguntar o que é ser pai, a escuta do mesmo numa análise pode apontar, para além de verificar a quantas anda sua inserção no meio familiar, que o sujeito questione o que é aceder a essa posição tão problemática de ser pai, que ele possa na medida em que fala, se dar conta que o que lhe cabe é se virar com isso. Se a palavra concerne sua função criativa, é falando de como ele cria o seu filho é que poderá se dar a criação de um lugar outro para a criança.

BIBLIOGRAFIA

FREUD, S. (1923) in A organização genital infantil: uma interpolação na teoria da sexualidade, *Obras Completas,* vol. XIX, Rio de Janeiro, Imago, 19 edição.

——. (1924) "A dissolução do complexo de Édipo", vol XIX, Imago, 19 edição

——. (1925) "Algumas conseqüências psíquicas da distinção anatômica entre os sexos", vol XIX, Imago, 19 edição

LACAN, Jacques. O seminário, livro 5: *As formações do inconsciente.* Rio de Janeiro, Jorge Zahar Ed., 1999

—— A significação do falo.*Escritos.* Rio de Janeiro: Jorge Zahar Ed., 1998

JULIEN, Philippe. *As psicoses: um estudo sobre a paranóia comum.* Rio de Janeiro: Companhia de Freud, 1999

PORGE, Erik. *Os nomes do pai em Jacques Lacan: pontuações e problemáticas.* Rio de Janeiro: Companhia de Freud, 1998

NA ORIGEM DO FEMININO: O MITO

Maria Teresa Melloni
Psicanalista.
Membro da Escola Lacaniana de Psicanálise – RJ

RESUMO

No mito dos Orixas o autor busca elementos para articular a origem do feminino e sua relação com a criação e o lúdico. Ressalta a importância destes, na posição do sujeito na cultura.
Palavras chave: Mito, Fantasia, Inserção do Sujeito, o Simbólico.

RÉSUMÉ

Dans le mithe des Orixas, l'auteur recherche des elements pour articulier l'origine du feminin et sa relation avec la création et le ludicien. Il met en relief la position du sujet dans le symbolique et dans la culture.
Mots clé: Mithe, Fantasie, Insertion du sujet dans le, Symbolique

INTRODUÇÃO

Desde que comecei a pensar este trabalho, vi-me atiçada a investigar qual o tratamento dado ao feminino pelo mito dos orixás. Nenhuma articulação possível sustentava meu interesse, havia apenas uma atração pelo misterioso e primitivo. Logo depois me dei conta da dificuldade que encontrava: era um assunto considerado marginal, bruxaria, sujo, vindo do mal, perigoso, coisa de pessoas ignorantes. Às dificuldades de pesquisar, se somaram a dificuldade de escrever algumas observações e um pudor que aliava vergonha e modéstia, próprias de revelações preciosas. Tal atitude marca a cultura no Brasil, a foraclusão de sua origem, rejeitando o negro, o africano, assim como as formações manguezais, origem do plancton, da vida.

Da mesma forma, a apresentação do pensamento psicanalítico sobre final de análise e Feminino se mostrava mais fácil, mas também insatisfatória.

Buscando Lacan ao falar das estruturas míticas, como uma forma de lidar com o traumático do sexual, encontrei no capítulo XV, do *Seminário 4*. pg. 256/257:

> "O que se chama de teorias infantis, isto é, a atividade de pesquisa que é a da criança em relação à realidade sexual, responde a uma necessidade inteiramente diversa daquilo a que chamamos, aliás indevidamente, com uma noção difusa, atividade intelectual, cujo caráter superestrutural é admitido, de maneira mais ou menos implícita, no fundo de crença, que ordena a consciência comum. Ela concerne ao conjunto do corpo. Ela envolve toda a atividade do sujeito ... dirige os afetos ou afeições ... atividades cerimoniais, mas também cerimoniosas".

Orixá, ancestral divinizado, é um bem de família, transmitido pela linhagem paterna. É um deus protetor, cujas graças são reservadas só ao grupo familiar. Os que pertencem a um determinado Orixá, formam um grupo com traços e características comuns, que Vergé (2000) chamou de Arquétipo. Tem por função estabelecer para seus **filhos**, assim são chamados os que pertencem ao grupo, uma forma de relação com os aspectos considerados críticos da vida, nascimento, casamento, maternidade, doenças, da existência e não existência, ou seja, da aparição daquilo que não existe, situações em que Deus se faz necessário, isto é, o Real se faz mais notável. O vínculo com determinado **Orixá** e a conseqüente posição em relação aos outros, justifica acontecimentos de outra forma injustificáveis.

Freud, em *Totem e Tabu*, fala que as fontes de sofrimento do homem advém das relações deste com o próprio corpo, com a natureza e com os outros homens.

Nos *Seminários 4 e 17*, Lacan relaciona a estrutura do mito com a estrutura da verdade. O mito com seu caráter de crença, viabiliza uma identidade com o poder da significação. É a fonte de toda a significância, a criação.

Logo me deparei com a organização **yorubá,** que designa e descreve grupos e nações, estabelecendo a possibilidade de relações entre eles e seus limites. O que caracteriza esses grupos são sinais deitados sobre o corpo, vestimentas, danças, costumes e principalmrente a língua; ou seja, formas de se apresentar, aparência.

Olodumaré, o deus supremo que reina acima dos orixás, é um deus distante, inacessível e indiferente às preces e ao destino dos homens. Está fora do alcance da compreensão humana, paira acima de todas as contingências de justiça e de moral, e não há culto para ele. Entre os orixás ele é representado por **Oxalá.** O imperativo lacaniano determina que tomemos o desejo na letra, o que quer dizer tomar o desejo nas operações metafóricas e metonímicas, tomá-lo no deciframento, em parte ético, em parte epistemológico, desprovido de todo e qualquer ideal.

Com estas indicações, sigo meu percurso, que podia ser outro, mas não é. Sigo, agora com vocês, numa busca, a espreitar, a encontrar o que ao mesmo tempo está e não está ali - o feminino no mito dos **Orixás**.

Sobre Fim de Análise

Nos *Escritos*, em Observações sobre o informe de Daniel Lagache, texto em que evoca uma análise em dois tempos, Lacan fala de uma "redução dos ideais da pessoa, momento onde o analisante se vê abolir-se como sujeito – destituição subjetiva – e passar ao lugar diante do fantasma"[1]. Do outro lado, o analista, na transferência já não se sustenta no sujeito suposto ao saber, mas sobre o significante. Analisante no lugar de **a,** analista no lugar de significante, analisante como causa de haver analista, em vez de analista como causa de desejo, como no início, aliviando o sujeito no seu mais gozar. Esse é o tempo em que **a** tem função significante, ponto de enlace entre Coisa não significante, com o Outro do significante. O sujeito aqui fica reduzido ao seu "pouco de ser", ou "pouco de sentido", limite do analisável, já que não há sujeito sem sintoma, na medida em que a própria definição de sujeito implica seu submetimento aos significantes

[1] Lacan, 1998, pg 678.

para dar conta do que é do trauma sexual. Este ponto – ponto de relação com o objeto - é o eixo central de todo o deslocamento significante. É uma relação que o deslizamento significante não alcança; esse é um tempo de luto, na medida em que justamente por não haver significante que dê conta – S(A), só resta ao sujeito separar-se dele, despojando-se de suas coordenadas imaginárias e simbólicas e sustentando-se no lugar de seus efeitos no real.

Na iniciação de um **Iaô,** que significa mulher do orixá, nome dado tanto à mãe quanto ao pai-de-santo, o transe de possessão, forma de comunhão entre o crente e seu deus, é dado a todos. Nesse período, não lhes são revelados segredos, porém osfazem encontrar um certo comportamento atribuído a seu deus, presente nele em estado latente. A iniciação não se faz no plano do intelectual, consciente ou aprendido, mas em nível mais escondido, da hereditariedade adormecida, do inconsciente, do informulado, diz Vergé. O iniciante é mergulhado num estado de entorpecimento, dócil de sugestionabilidade, em que sua memória é lavada, estado de vacuidade e disponibilidade no qual os traços do **Orixá** se instalam livremente.

É chegado o grande dia, em que o iniciado, solicitado por uma assembléia, composta também de membros de outros **axés** distintos, proclama bem alto, o seu nome, momento em que provoca o transe a outros **iaôs** presentes.

O final de análise cria uma intervenção que produz uma identificação com o sintoma, seu nome, o que quer dizer colocar um fim ao deciframento infinito do inconsciente, criando um novo nodulamento que enlace o real cifrado – o simbólico e o real propriamente dito, formando o objeto mais gozar. Isto, sobretudo, relaciona o efeito de sentido com o real, um sentido que passa a ser uma decisão: não pode ser qualquer um, mas é este e não outro – um semi-dito.

Lacan diz que o fim da análise é fazer um ateu, um incurável de sua divisão, ao mesmo tempo que um instruído. Um sujeito para o qual o sujeito suposto ao saber é inacessível. Se o Outro não existe, nada é proibido, o que não quer dizer que tudo é possível. Neste sentido, não seria o analista o próprio religioso, na etimologia da palavra, aquele que insiste sempre, numa nova ligação com o Real, seu deus?

Teresa Nazar, em *Reflexões sobre um fim de análise*, diz: "inventar um saber sobre a verdade que falha, na tela da pouca realidade que é a nossa fantasia, eis aí um verdadeiro caminho em direção ao real. Um análise chega ao fim porque é possível inventar alguma coisa melhor para o lugar onde antes havia apenas sofrimento" 1996.

Lacan, no *Seminário da Transferência*, diz: "O luto consiste em identificar a perda real peça por peça, pedaço por pedaço, signo por signo, elemento grande I por elemento grande I, até o esgotamento. Quando isto está feito, acaba"[2].

SOBRE O FEMININO

M. M. Chatel diz: "Uma mulher não termina sua análise sem se fazer a pele da Outra – Mulher. A feminilidade é a própria qualidade da alteridade, o outro sexo é sempre o feminino", em entrevista concedida a Escola Lacnaiana de Psicanálise - RJ (1996).

Conta a lenda, que numa de suas caçadas, quando **Ogum** se preparava para matar um búfalo que vinha em sua direção, o animal parou, retirando a sua pele, e apareceu uma linda mulher. Era **Oiá Iansã.** Ela escondeu a pele num formigueiro e dirigiu-se ao mercado. **Ogum** guardou o despojo num depósito perto da sua casa e foi fazer a corte à mulher-búfalo, chegando a pedi-la em casamento. Ela inicialmente recusou, mas quando não achou mais sua pele na floresta acabou aceitando, pedindo-lhe que não contasse a ninguém o seu segredo. Enquanto companheira, ajudava-o a bater o ferro, manejava o fole para ativar o fogo da forja, carregava docilmente suas ferramentas e teve nove crianças, o que provocou ciúmes nas outras mulheres de **Ogum.** Estas conseguiram descobrir seu segredo e começaram a caçoar, dizendo que sua pele estava no fundo do quintal.

---

[2] Lacan, 1960, pg 379.

Oiá vestiu sua pele, voltou a forma de animal e matou suas rivais, deixando os chifres com seus filhos, tomando assim uma forma sígnica.

Dispondo da alteridade mulher-animal, a pele, exerceu a função sedutora do falo e recusava o casamento. Sem a pele, submete-se a uma situação na marginalidade secreta, tomando a identificação da maternidade. Ameaçada, retorna ao feminino primitivo, fora da ordem humana, destruindo as outras mulheres.

Teresa Nazar, em *A questão do masoquismo e sua relação com o erotismo*, diz: "Para o sujeito responder sobre o seu desejo é preciso que ele saiba, no homem, o que significa tomar um objeto como objeto de amor – narcísico, e na mulher, o que é deixar-se investir como objeto, na fantasia de um outro. O parceiro escolhido é enquanto parceiro, uma mera ficção e a parceira não se reduz a uma questão anatômica". (1999)

O falo interessa à questão do feminino porque é sob sua ordem simbólica que os falantes, masculino ou feminino, se organizam diante da falta no Outro e falam. Para isto tanto a menina como o menino devem aceder à diferença sexual; para a menina, a falta do pênis não a exclui do gozo fálico, mas também não a inclui, mas indica outra direção, deixa entreaberta a via para um gozo outro. Para o menino, a presença do pênis o insere no gozo fálico, devidamente identificado, o gozo outro será para ele uma ameaça ou um desafio, que sustentará sua posição diante das leis do Complexo de Édipo, orientando suas escolhas objetais.

A falta de pênis na menina a remete para a fase pré edípica, onde a interdição paterna não alcança, lugar do insaciável desejo da mãe, lugar do desejo, mas também da privação. Como encontrar um traço identificatório no pai, que dê conta desta falta real? A maternidade? A virilidade? indagou Freud, ou a dissociação histérica que se oferecia como objeto para o Outro, mesmo sem a chance de preenchê-lo, mas para mantê-los, a eles os homens, no gozo fálico, encarnando-lhes o falo, abrindo mão, ela própria, deste gozo, que afinal é insignificante. Assim Lacan diz, ser A Mulher, o sintoma para o homem. Podemos entender desta forma, que o gozo feminino não se insere na ordem fálica, mas também não o é sem o falo.

As dificuldades observadas desde Freud, para falar do feminino, tanto entre os e as psicanalistas, como entre os poetas e os filósofos podem estar entendidas nesta complexa implicação: O feminino, o velho continente negro, o gozo vaginal, são tentativas metafóricas de conceituar isto que resiste a qualquer medida conceitual, que veio apontar para Lacan, a necessidade de uma nova topologia para compreensão de toda a psicanálise, para incluir a não-toda a psicanálise.

No artigo Para um Congresso sobre a Sexualidade Feminina, publicado nos *Escritos*, Lacan diz: "Porventura se confirma que uma disciplina que, para responder de seu campo pela sexualidade, parecia permitir expor todo o segredo desta, tenha deixado o que se revela do gozo feminino no ponto exato em que uma fisiologia pouco zelosa se confessa incapaz de desvendá-lo", e mais adiante: "tudo que é analisável é sexual, não implica que tudo o que é sexual seja acessível a análise"[3].

O que o mito nos revela é a possibilidade de tratar o sexual escancarado.

Obá, divindade do rio do mesmo nome, enérgica e mais forte que a maioria dos orixás masculinos, quando se tornou a terceira mulher de **Xangô,** provocou enorme rivalidade entre ela e **Oxum,** que era jovem e elegante, enquanto **Obá** era mais velha e desajeitada. Com o objetivo de monopolizar o amor de **Xangô,** sabidamente guloso, buscava surpreender os segredos das receitas preparadas por **Oxum.** Esta irritada, pregou-lhe uma peça, oferecendo-se para ensinar-lhe um prato, que, segundo maliciosamente lhe dissera **Oxum**, realizava maravilhas, junto à **Xangô,** o esposo comum. **Oxum** com um pano amarrado à cabeça, mostrou à rival, uma sopa com dois cogumelos, que seriam as suas orelhas, que ela havia cortado a fim de preparar o prato predileto do amado. Este, ao chegar, sorveu o prato com intenso prazer, retirando-se carinhoso e apressado para companhia de **Oxum.** Na semana seguinte, era a vez de **Obá** cuidar de **Xangô.** Ela pôs em prática a mágica receita e **Xangô** só mostrou repúdio em vê-la com a orelha decepada, recusando o prato servido.

Na seqüência das experiências míticas que observei, marca-se a repetição do elemento feminino, num tempo primeiro da sedução, a tentati-

---

3 Lacan, 1998, pg. 739.

va de uma inscrição simbólica que poderia comparar-se à organização edípica pacificadora, o rompimento com a traição, mostrando a transgressão feminina.

É a explicitação da fórmula de que a relação sexual não existe; e o feminino é a prova disto, ao mesmo tempo, que sua sustentação. A mulher, justamente por espreitar que, para além da castração de seu amante, há algo além de uma virilidade possível, oculto sob o véu que envolve o falo, não consegue uma identificação imaginária que sustente a fantasia.

A posição feminina, na sua articulação com a origem da psicosexualidade, aproxima o interior feminino com o inconsciente. O interior feminino, invisível, de limites incertos, não é como o falo, uma parte destacável.

"A pulsão sexual apóia-se inicialmente em uma das funções que servem a preservação da vida, só mais tarde liberando-se dela", diz Freud em *Pulsões e suas Vicissitudes*". No caso da vagina, diferentemente da boca, do ânus, do pênis não há função que a designe, ela não serve para nada, a não ser para o gozo, como diz Lacan no *Seminário 20.*

A fantasia inconsciente infantil de sedução pelo adulto é constitutiva da origem feminina da sexualidade, na medida em que a demanda do adulto como ponto de borda para o mais gozar, vai tomar a criança na sua origem, ou seja, no lugar de objeto para o desejo do outro, ainda sem palavras. Para a criança, sempre é demais.

É preciso, aqui, não confundir a posição infantil do sujeito na estrutura, lugar de desamparo frente a suposta consistência do Outro, com o lugar do feminino no final de análise, onde o sujeito, homem ou mulher, já não recusa esse *demais,* passando a se interrogar sobre sua constituição fantasmática diante da demanda, prescindindo da borda e fazendo passagem a seu próprio gozo.

A vagina e seu enigma – dela se sabe só um pouco, sobre o que a rodeia ou sobre seus atributos – é a representação do que escapa à representação, ponto cego de um quadro, insistindo em atrair para si, o olhar, que jamais será de reconhecimento, sempre de espanto. Assim à primazia do falo, estabelecida por Freud (*Organização genital infantil, 1923),* se segue a declaração de que falta-lhe o conhecimento sobre os processo da sexualidade feminina. Nestas condições, a menina é introduzida no complexo de Édipo, cenário da organização libidinal do sujeito. Enquanto o menino entra no Édipo, ameaçado pela angüstia de castração, se organiza e sai apoiado em sólidas definições ideais do Superego, a menina nunca abandona definitivamente o objeto materno e sua organização libidinal, nunca se estabelece sob padrões definidos de escolha objetal. O complexo de castração na menina tem a função de reenviá-la à história libidinal construída com a mãe. Quanto à função do primado do falo, para ela, Freud aponta a destinação da libido ao complexo de virilidade, à inibição sexual ou à maternidade dirigida ao pai, como falo.

A hipótese da sedução violenta exercida pelo adulto, ou seja pelo significante, coloca a posição feminina na estrutura da origem da sexualidade para todo o sujeito – lugar de objeto para o Outro, retorno à mãe. A identificação ao pai vem solucionar parcialmente a questão, deixando ao feminino a outra parte, enquanto *não toda*.

Nas famílias dos **Orixás**, as mulheres têm uma posição marginalizada. Elas participam das cerimônias e podem se tornar **elégun**, os que ajudam a cuidar do **Orixá**, que, como o nome de família, será o da família paterna. Se forem casadas, é o orixá da família do marido que ela vai adotar, assim como será o dos filhos. Para saber o sexo do filho, ao nascer, o pai pergunta: é o dono da casa ou a estrangeira?

Quanto a isto, temos uma bela passagem. Conta a lenda que, quando todos os orixás chegaram à terra, organizaram reuniões onde as mulheres não eram admitidas. **Oxum** ficou aborrecida por não poder participar de todas as deliberações e para se vingar, tornou as mulheres estéreis e impediu que as atividades empreendidas pelos deuses se desenvolvessem. Deseperados, eles pediram ajuda a **Olodumaré,** que explicou-lhes que sem a presença de **Oxum,** e seu poder de fecundidade, riqueza e criatividade, nada daria certo. Assim ela foi chamada a participar e recebeu o título de **Ialodê** – o lugar mais importante entre as mulheres. Ela é rainha da água doce, do manguezal, sem a qual a vida na terra seria impossível.

Nesta passagem, vemos a utilização do poder da criação e da procriação, que interessava sobremaneira a **Olodumaré,** pois é na preservação da espécie que ele se sustenta, para a sustentação de um lugar simbólico. Assim podemos pensar a articulação da função paterna sustentada pelo feminino, da psicanálise sustentada pelo discurso histérico, do Nome do Pai transmitido via feminino. O pai que transmite seu nome é o pai morto.

A maioria dos **iaôs**, mães de santo, é constituída por mulheres. Os homens casados com as mães de santo também são marginalizados. Os poucos homens que ocupam este lugar são feminizados, priorizando a questão do lugar. Este é um lugar anterior a diferença sexual, lugar feminino.

CONCLUSÃO

Há cerca de 5 anos atrás, num Congresso de Psicanálise em Salvador na Bahia, uma discussão sobre delinqüência, atribuía ao domínio de um imaginário perverso e a falta de inscrição social simbólica, a incidência de comportamentos sociais desviantes e marginalidades em geral. Indagueime o que queria dizer isto, numa política de saúde pública, numa ação voltada para as comunidades carentes. A conversa não avançou para além da teoria psicanalítica, e eu continuei com a minha indagação.

Com o conceito de *narcisismo das pequenas diferenças,* Freud fala no texto *Mal estar na civilização,* de 1930, sobre a dificuldade do homem em renunciar a satisfação das suas tendências agressivas e sexuais, dizendo: "Sempre se pode agregar amorosamente entre si o maior número de homens, com a condição de que restem tantos outros nos quais descarregue-se os golpes."

O aprisionamento narcísico, em um imaginário social que não deixa abertura para a incrição do real sexual e traumático, empurra o homem para a marginalidade. A descoberta do lúdico pela criança nos indica a necessidade da arte de criar para suportar *a miséria psicológica das massas*.

O trabalho jesuítico de vencer e apagar os traços culturais das tribos primitivas para o trabalho de colonização encontrou no índio uma resistência radical. O indígena morre, mas não se entrega a civilização, ou então morre ao ingressar na civilização. Já o africano consegue atravessar o processo de massificação colonizadora do europeu, deixando suas marcas, num processo de aculturação. A catequese cristã substitui as representações sígnicas dos orixás, elementos da natureza, tais como, a água, a pedra, o chifre, etc..., pelas imagens humanóides e especulares dos santos, Nossa Senhora, São João, Santa Bárbara. A relação de comprometimento na transmissão do mito do orixá é substituída pela culpabilidade na relação com os dogmas do cristianismo.

Ao perguntar-me como fazer para ter um mito, ou que mito seria o meu, deparei-me com a resposta que ninguém tem um mito por direito adquirido. Um mito surge ao final de uma análise, como conseqüência do luto do narcisismo, na exposição diante do desamparo frente ao real. O que se herda é a possibilidade de apelação ao mito, desde que se pague o preço da transmissão.

BIBLIOGRAFIA:

CHATEL, M. M. Conferências na E.L.P. - RJ, 1996.
FREUD. Sigmund. Obra Completa. Biblioteca Nueva.
Madri 1973.
LACAN, Jacques. Seminário IV: *A relação de objeto.* Jorge Zahar Ed. R.J. 1956
—— Seminário XVII: *O avesso da psicanálise.* Jorge Zahar Ed. R.J. 1969
—— Seminário VIII: *A Transferência.* J. Zahar Ed. R.J.1960
—— Seminário XX: *Mais Ainda.* J. Zahar Ed. 1982
—— *Os Escritos.* J. Zahar Ed. R.J. 1998
NAZAR, Tereza. Conferências na E.L.P. - RJ, 1996.
VERGÉ, F. Pierre. *Orixás.* Ed Corimpio. Salvador. Bahia. 2000

O LIMITE EM EDUCAÇÃO

Sandra Regina Felgueiras
Psicanalista.
Membro da Escola Lacaniana de Psicanálise – RJ

RESUMO
O texto aborda a questão dos possíveis entrelaces entre psicanálise e educação através da discussão da noção de limite, no singular, enfatizando-o como o que permite falar de responsabilidade.
Palavras-chave: psicanálise, educação , limite

RÉSUMÉ
Le text aborde la question des possibles liens entre la psychanalyse et l'éducation par la discussion de la notion de limite, au singulier, en mettant en relief ce qui nous permet parler de la responsabilité.
Mots clé: psychanalyse, education, limite

Introduzindo este texto, gostaria de dizer que ele é oriundo de uma reflexão que estamos desenvolvendo no Projeto "Entrelaces: psicanálise e educação". A pergunta sobre os "limites" (no plural) tem-se apresentado de forma constante nesse nosso contato com professores da 7ª CRE, no Município do Rio de Janeiro.

Mais uma vez, portanto, devo tentar pensar (teorizar) o que a psicanálise tem a dizer a esse respeito, já que é de uma impossibilidade que se trata em "educar", "psicanalisar" e "governar".

Antes de mais nada, por que não problematizar o plural "limites"? Afinal, não seria esse plural o sintoma de que uma Lei não está conseguindo vigorar sem que se multipliquem as leis *ad hoc*? Iremos fazer leis para "os" de pele mais ou menos escura (estabelecendo gradações de cor, *determinadas cientificamente*, é claro), "os" de orelha de abano, "os" de quatro dedos, "os" homossexuais (criando-lhes um banheiro especial, como foi proposto no congresso nacional), "os" que ainda não são... mas vão ser, como rege uma certa psicologia que vê num padrão de comportamento a determinação de uma "escolha" sexual?

Não seria isso produzir guetos, discriminar ainda mais, "de acordo" com a proposta de Descartes, fundador da ciência moderna, na medida em que sua exigência é a de estabelecer "idéias claras e distintas"? "Idéias claras e distintas" sobre quê? Sobre quem, cara pálida? Se "a razão tem razões que a própria razão desconhece", não é tempo de pensar a depuração do conhecimento que vemos hoje em escalada?

Há inconsciente, a partir de Freud: não que não o houvesse antes, mas se o atribuía à natureza, aos deuses que faziam com que nossos "bons (ou maus) propósitos" fossem solapados por uma força "superior". O que Freud vem afirmar (projeto que se inclui também na escalada "científica", mas com uma faceta que traz "a peste" para os domínios da razão) é que não sabemos o que dizemos/fazemos, que há uma racionalidade – pois que o inconsciente não se confunde com o irracional – que não pode ser controlada por qualquer dos meios que, "conscientemente", elaboremos para manter sob controle uma razão que ameaça a todo momento se desgarrar. Afinal, não era Eichmann em Jerusalém que dizia ser um homem extremamente correto – *politically correct?* –, um funcionário exemplar que cumpria à risca o que lhe era exigido? Não havia desejo por parte de Eichmann? É isso que temos que pensar...

O "eu", na teoria psicanalítica, é a sede do desconhecimento, é um "não querer saber nada disso": sua constituição é mesmo forjada na oficina da linguagem – necessária[1] – que produz para nós identificações (literalmente *prêt-à-porter*). Com elas, constituímos um "eu", que pensamos como único – desconhecendo, por exemplo e em primeiro lugar, que é "eu" quem fala "eu", como já dizia Benveniste, numa magnífica definição desse "eu" que nos arrogamos, que temos como próprio; ou, como lembrava Jakobson, quanto ao "eu" ser a última aquisição da linguagem e ser a primeira que se desfaz quando "distúrbios de linguagem" começam a se apresentar.

É por isso mesmo que a "informação" não é suficiente para produzir uma mudança na posição frente aos acontecimentos: há um "não querer

[1] Quando falamos de necessidade, falamos de necessidade lógica, eisto é, de uma necessidade de haver um pouco de identificação a partir do qual o "ser falante" passa, numa definição absolutamente simples, falar.

saber" que ultrapassa o próprio sujeitinho em questão. Como exemplo disto, há algum tempo assisti à apresentação de pessoas que falavam da necessidade de "esclarecimentos" sobre as formas de contaminação pela Aids, mas que, ao mesmo tempo, se mostravam surpreendidas pela seguinte constatação: tudo é falado, esclarecido, parece que as pessoas compreenderam, mas, na prática, elas continuam a transar sem camisinha, a não informar a seus parceiros eventuais sobre a condição delas de portadoras do vírus, etc, etc, etc.

De toda forma, só de um ponto de vista identificatório se pode dizer um "eu sou...", porque dizer "eu sou..." gordo, magro, inteligente, infeliz, etc, etc, etc, de acordo com a estrutura de mensagem invertida (o sujeito recebe do Outro sua própria mensagem invertida), se origina em um "tu és..." – acoplamento de "imagens" que unifica e ilude, matando. Enfim, dizer "eu" faz parte do recalque, de um necessário, de um "esquecimento constitutivo" (e alienante) que permite ao "ser de fala" ser... na fala. Vale ainda lembrar, nesse sentido, o fato de que a "assunção do eu" – e sabemos o quanto isso é importante para uma criancinha que dá seus passos de introdução na linguagem, quando ela, primeiro, se denomina, se reconhece num "ele" ("Neném quer", "Fulaninho quer"), até poder dizer um "eu" –, como nos ensina Lacan, é sempre revogável, nos bons casos: "não fui eu", que às vezes se expressa num "não foi eu".

Num sentido certo, a psicanálise afirma: se há desenvolvimento, é desenvolvimento do "eu" – com todas as conseqüências desse desenvolvimento. Mas, nos bons casos, guarda-se sempre uma certa dúvida, uma incerteza quanto ao que "se é", ou seja, o lugar onde *me* reconhecem não é o lugar onde *eu* se reconhece. Isso pode se apresentar neuroticamente de diversas formas, entre as quais cito duas:

– a recusa/inibição de agir onde se é reconhecido: eu não sou isso.

– a assunção total desse lugar de imagem, com a conseqüente exclusão de algo que poderia remeter a uma singularidade.

Acredito que qualquer um de nós já lidou com crianças, jovens, adultos que apresentam essas características; de uma forma ou de outra, no entanto, é com o problema humano do "quem sou?" que se lida; é ele que está no cerne de qualquer das posições que alguém tenha em relação a seu "ser de fala". É por esse viés mesmo que a psicanálise pode falar de "responsabilidade" sem se transformar num moralismo (a ética da psicanálise, se há uma, é não abrir mão de seu desejo): a "responsabilidade" de que falamos é a de "responder por seus atos", mesmo que eles não tenham sido intencionados em suas conseqüências, mesmo que não se possa delimitar conscientemente sua causalidade – que é sempre psíquica, e essa é uma faceta importantíssima do que chamamos "dívida simbólica": se "eu" fala, "eu" não pode alegar desconhecer a Lei – e a Lei é conjunção desejo e fala.

E a Educação, em tudo isso?

O projeto que estamos desenvolvendo objetiva, entre outras coisas, construir entrelaces com diferentes formações discursivas, tendo como base dois impossíveis enunciados por Freud: psicanalisar e educar (o outro impossível é governar).

Temos que esclarecer, antes de tudo, de que impossibilidade se está falando quando se colocam essas três "apostas" como impossíveis. Vou me permitir uma digressão – não-casual – e lembrar uma experiência que relatei em um de nossos encontros com os profissionais de educação na 7ª CRE: há muitos anos, assistindo a um filme na TV (um filme da década de 50, se não me engano, em preto e branco), ouvi algo que me deixou uma marca indelével. A cena era a seguinte: dois personagens, em terra, conversavam sobre as manobras que um terceiro fazia no ar, num avião, tentando pousar; os dois personagens em terra falavam da impossibilidade de pousar naquele lugar inadequado. Durante algum tempo observam as manobras e, após o sucesso do pouso, um deles comenta: "Os idiotas conseguem o impossível". Resposta do outro personagem: "Porque só eles tentam".

Creio que essa história ilustra à perfeição a questão dos impossíveis: o impossível não é a impotência. A impotência é um saber *a priori* da impossibilidade que estaria em jogo em uma determinada situação, mas não há impossível *a priori*: o impossível é um não-conhecido que nos obriga eticamente a trabalhar.

Não se trata, porém, no impossível, de um limite que seria sempre levado mais adiante, forçado por novos recursos técnicos, novos saberes que viriam "tornar possível" o que antes era "impossível"; neste sentido, também não se sabe *a priori* de um possível – o que implicaria conhecer o impossível, incognoscível por estrutura. Quando se fala de impossível, em psicanálise – e nisso ela difere de uma vertente muito comum da ciência –, estamos falando do que de real se apresenta em cada atividade humana, isto é, daquilo que escapa à rede da simbolização: se não há metalinguagem é porque há real (como impossível, como o que não cessa de não se escrever). Esclareçamos: não há metalinguagem porque não há uma linguagem absolutamente completa, toda, que poderia, de dentro de si mesma, dar conta de seus próprios furos (poder-se-ia, é claro, construir uma meta-metalinguagem, que convocaria uma meta-meta-metalinguagem, e assim por diante) – e isso é real.

Também não se trata de um reconhecimento de impossibilidade que nos conformaria a um "possível" simbólico, porque o "reconhecimento" (simbolização do imaginário na sua diferenciação do real) de impossibilidade se escreve como impotência (duradoura, na vertente religiosa que advoga o limite humano frente ao ilimitado divino, momentânea, na vertente científica que confia nos aparelhamentos futuros para lidar com situações que *hoje* são insuperáveis). A psicanálise não desiste de escrever o impossível (por contingência) e é por esse viés que opera o desejo do analista: trabalhando com a escrita e, conseqüentemente, distinguindo impotência e impossibilidade e alinhando o impossível em relação ao contingente, não em relação ao possível.

Quanto a uma intervenção da psicanálise no social, lembremos a questão que nos é colocada pelo par universal/particular. Se a psicanálise não é universal – nem como panacéia nem como "aplicabilidade" (neste sentido, devemos sublinhar que não há "psicanálise aplicada", isto é, a psicanálise não se distribui no campo das disciplinas como uma ferramenta) –, como pode ela intervir no social? Será que a psicanálise deve produzir um particular que possa ser abordado? Afinal, como nos lembra Freud, não se pode matar *in absentia* e o universal é isso (ver as argumentações de Lacan sobre o universal e o particular com o quadrante de Peirce). Mas se, ao mesmo tempo, considerarmos que não há, do universal ao particular e vice-versa, transposição possível, isto é, tradução possível, não voltamos à questão da escrita como o cerne do que poderia fazer a psicanálise no social?

A seguir Freud quando fala do mal-estar na civilização, diríamos: o mal-estar na civilização é o mal "natural" (a natureza do homem é já cultura, civilização, isto é, "natureza de linguagem"): é desse mal que morre Kaspar Hauser (poder-se-ia dizer *quem* matou Kaspar Hauser? Afinal, ele não sofre desse mal-aparelhado, desse inconstituído – origem do ódio que devotamos a nossos "semelhantes" – que habita cada um de nós como o mais próximo e o mais estranho, o núcleo do ser?).

Voltemos ao que é o objetivo deste texto: o que podemos entender por limite? Como a psicanálise pode lidar com a questão do limite? Voltemos também à questão do singular e do plural.

Fala-se muito hoje das "crianças sem limites" (no plural): aquelas criancinhas "incômodas" (aliás, que pode ser uma criança que se preze senão incômoda, isto é, que não deixa seus pais descansarem suas cabeças no travesseiro com a sensação de "missão cumprida", que questiona sempre o limite da posição deles?) que não se comportam como-deve-ser – pelas traquinagens de todos os tipos: perguntas insistentes, curiosidade incessante quanto aos objetos em um ambiente qualquer (principalmente aquele em que elas não "deviam"...), drogas, etc.

Psicanaliticamente falando, prefiro dizer "limite" (no singular), porque é dele, do limite, que se trata em muitas das questões com que um professor se defronta em sua sala de aula, hoje. Numa certa síntese do que estamos dizendo, poderíamos afirmar que a pergunta que se encontra presente em muitas das "atuações" de nossos pequenos é a seguinte: "até onde você vai me deixar ir?"; ou seja, qual é o *seu* limite?

De outra forma, poderíamos dizer que o limite é aquilo que permite ao sujeito falar de um lugar delimitado, isto é, falar de um lugar de sujeito (responsável por seus atos). É o que, pela introdução de um elemento terceiro (função paterna), outro que o "eu" e o "tu" da dualidade, do "ou eu ou o outro", produz uma separação. O limite, então, nesse sentido, não é a proibição: não é porque se diz a uma criança que *não mexa* no controle remoto da televisão ou que *não use* cocaína que o limite está estabelecido. Para além disso, o limite é aquilo que permite o advento de um sujeito, com um lugar recortado no simbólico. É um *não* sem conteúdo específico, a não ser aquilo que é inerente à lei da linguagem: *não pode não falar* (expressão que carreia a denegação própria à linguagem, um certo tipo de "não foi eu quem").

Portanto, limite, *no singular*. No singular de cada um, que os "sujeitos" não entram todos no simbólico (quando entram, nos bons casos) portando as mesmas marcas – inclusive os irmãos, até mesmo os gêmeos.

A inscrição do impossível vai se dar na contingencialidade de cada um. Portanto, é assim que eu diria que a psicanálise pode trabalhar no social: entre o impossível e o contingente, entre algo que "não cessa de não se escrever" e algo que "cessa de não se escrever" – ponto de basta, limite, por que não?

Março 2001

A escuta e seus riscos

Manoel Leite
Psicanalista.
Membro da Escola Lacaniana de Psicanálise — R.J.

Resumo

Estimulado pela leitura do texto de Lacan *"Função e campo da fala e da linguagem em psicanálise"*, o autor discorre sobre as seduções que a fala vazia exerce na escuta do analista, cujo risco maior é provocar nesse o abandono dos fundamentos da fala.
Palavras chave: Fala vazia, fala plena, escuta do analista

Résumé

Provoqué par dans le texte Lacan «Fonction et champ de la parole et du langage en psychanalyse», l'auteur remarque les effects de la séduction de la parole vide sur l'ècoute de l'analyste, dont le risque le plus sérieux c´est l'abandon du fondement de la parole.
Mots clé: Parole vide, parole pleine, écoute de l'analyste

> "Não há pessoas que incorram mais em erro do que as que não podem suportá-lo." (La Rochefoucauld)

Este "ensaio" não se prenderá rigidamente ao texto com o qual dialoga, a saber, *"Função e campo da fala e da linguagem em psicanálise"*. Pois sua leitura nos estimulou a tentar a tarefa de não seguir sua linha a termo, mas ser intimamente estimulado por ele: ter uma relação de contato, não de identificação, colagem, alienante, o que seria um discurso fatalmente frustrante. Como Lacan mesmo nos ensina a ler Freud: "Mas não se trata aqui de imitá-lo. Para resgatar o efeito da fala de Freud, não é a seus termos que recorremos, mais aos *princípios que a regem*" (LACAN, 1998, p 293, grifo nosso)

A PRUDÊNCIA DÓCIL

"O discurso que encontraremos aqui merece ser introduzido por suas circunstâncias. Pois traz delas a marca."

Assim Lacan inicia seu *Discurso de Roma*, publicado como "*Função e campo da fala e da linguagem em psicanálise*". Aparentemente, apenas uma colocação clássica para um prefácio[1], onde se esperaria uma descrição objetiva de fatos que motivaram o texto, além de possíveis vicissitudes enfrentadas durante sua elaboração. E indicações que permitissem ao leitor separar, no lidar com o texto, as marcas das circunstâncias — locais, datadas, pois vinculadas ao momento histórico, endereçadas por vezes apenas ao autor — do seu verdadeiro estofo, a saber, aquilo que transcende às conjunturas e atinge o status teórico do geral, do atemporal, da ciência — só se faz ciência do universal e necessário, nos diz Koyré —, em suma, um prefácio e uma introdução que nos deixem *precavidos contra* essa "marca das circunstâncias".

As aparências, porém, são como as falas que ouvimos em nosso cotidiano clínico. Existe um risco implícito, seja ao considerá-las como enganosas, e nelas não nos implicarmos, seja quando as levamos a sério em demasia.

Lacan questiona os rumos tomados pela formação do analista — as tais marcas das circunstâncias históricas — nas instituições da época: "não terão elas levado a um formalismo enganador, que desencoraja a iniciativa ao penalizar o risco, e que faz do reino da opinião dos doutos o princípio de uma prudência dócil onde a autenticidade da pesquisa se embota antes de se esgotar?" (LACAN, 1998, p 240).

Porém, tomar essa advertência como dirigida apenas aos analistas criticados seria tratar o escrito de Lacan — em diversos momentos, assim como inúmeras passagens de seu Seminário — como proselitismo inútil, pois se a nós, cara-pálidas lacanianos, as críticas não se aplicam, aos outros não farão nenhum efeito, pois "falar da perda do sentido da ação ana-

---

[1] Um prefácio é uma advertência, um estímulo à prudência (cf. *Aurélio*).

lítica é tão verdadeiro e tão inócuo quanto explicar o sintoma por seu sentido, *enquanto esse sentido não é reconhecido.*" (LACAN, 1998, p 246, grifo nosso).

Se não há proselitismo em Lacan, então suas advertências são a todos dirigidas, e as circunstâncias cujas marcas o texto revela nos são mais íntimas do que desejaríamos. Longe de evitá-las — propósito de toda escrita universitária — trata-se de recuperar-lhes o efeito, destacando os princípios que as regem.

"Podemos acompanhar, ao longo dos anos decorridos, essa aversão do interesse pelas funções da fala e pelo campo da linguagem" (LACAN, 1998, p 243). Ao destacar os três aspectos principais dos problemas abordados pela literatura psicanalítica da época, Lacan nomeia um traço comum a todos: "Trata-se da tentação que se apresenta ao analista de abandonar o fundamento da fala, *justamente em campos em que sua utilização, por confinar com o inefável, exigiria mais do que nunca o seu exame.*" (LACAN, 1998, pg. 244)

Desprezar o fundamento da fala, evitando os seus riscos. Eis o princípio de uma prudência dócil que nos afeta cotidianamente. Nossas circunstâncias pessoais no-la revelam[2].

"Quer se pretenda agente de cura, de formação ou de sondagem, a psicanálise dispõe de apenas um meio: a fala do paciente. A evidência deste fato não justifica que se o negligencie".(LACAN, 1998, p 248). O risco é então inerente ao meio, o que equivale a dizer que não há formação analítica sem risco, tampouco clínica.

Mas a relação com a fala implica — eis um de seus riscos mais imediatos — em uma relação com a resposta que ela pede: "O que busco na fala é a *resposta do outro.* O que me constitui como sujeito é minha *pergunta.*" (LACAN,

[2] Esconder suas marcas, em um estilo acadêmico, é uma atitude pouco generosa: muitas vezes a dificuldade com um conceito, com a leitura de um texto, de um seminário, é uma dificuldade vivida na própria análise e é nela encaminhada. Assim, qualquer tentativa de falar de psicanálise, seja em um escrito, seja em uma apresentação oral, porta sempre marcas circunstanciais do percurso analítico de seu autor, momentos nos quais o sujeito prevalece sobre o saber, que não mais demanda reconhecimento, e formula sua pergunta, ato que justamente o constituirá como tal. Que assim seja.

1998, p 301, grifo nosso). Termos de uma dialética inerente à função da fala na experiência analítica, são matizes de uma sedução tão mais poderosa quanto são percebidos como ausentes: quando a fala comparece em seu aspecto mais ingrato — a fala vazia — em que "o sujeito parece falar em vão de alguém que, mesmo lhe sendo semelhante a ponto de ele se enganar, nunca se aliará à assunção de seu desejo" (LACAN, 1998, p 255).

A FALA VAZIA E SUA SEDUÇÃO

Toda fala, se há ouvinte, possui resposta, mesmo que depare apenas com o silêncio. Este é o cerne de sua função[3] em análise, nos diz Lacan, e seu esquecimento na experiência da escuta é tão mais revelador quanto mais nele se reconhece a chancela de um desejo.

"Mas, se o psicanalista ignorar que é isso que se dá na função da fala, só fará experimentar mais fortemente seu apelo, e, se é o vazio que nela se faz ouvir inicialmente, é em si mesmo que ele o experimentará, e é para-além da fala que irá buscar *uma realidade que preencha este vazio*" (LACAN, 1998, p 249, grifo nosso).

A única realidade do sujeito que o analista experimenta é a realidade da fala do paciente, e a forma de contato é a escuta. Todo o resto é de outra ordem, não diz respeito ao sujeito, mas ao indivíduo. "Por isso é que nada extraviaria mais o psicanalista do que procurar guiar-se por um pretenso contato experimentado com a realidade do sujeito." (LACAN, 1998, p 254).

(Entretanto, o que em nós é erro no sujeito, são possibilidades, efeitos constituintes da transferência: "a ilusão que nos impele a buscar a rea-

---

[3] É curioso observar que a palavra *função*, em matemática, define uma relação entre dois conjuntos — uma lei que associa os elementos de um conjunto aos do outro — com uma notável obrigatoriedade. Se entendermos relação como comunicação tipo pergunta-resposta, ou seja, os elementos de um conjunto como perguntas e os elementos do outro como respostas, o que tornará, para a matemática, a relação uma *função*, é a obrigatoriedade de **toda pergunta ter sempre uma resposta** (e somente uma, não importando se esta é exclusiva ou responde a outras perguntas)

[4] Que é uma das formas de compartilhar a fé do paciente em *nosso* saber...

lidade do sujeito para-além do muro da linguagem[4] é a mesma pela qual o sujeito crê que sua verdade já está dada em nós, que a conhecemos de antemão" (LACAN, 1998, p 309). Mais que uma disparidade subjetiva, trata-se de uma dicotomia radical entre desejo do sujeito — enquanto analisante — e desejo de analista[5].)

Buscar uma outra realidade, para encontrar nela o que a fala do paciente não diz. Este vazio que se faz ouvir porque encontra eco no nada insuportável de quem escuta: sem um roteiro prévio a seguir, tirado de experiências outras, sem um *Baedeker* completo de regras técnicas como guia — a análise é uma experiência sempre inédita, pois nunca antecipada, e escolhe por isso caminhos fora da rede de estradas pavimentadas do senso comum —, o analista sempre experimentará uma solidão quanto à sua ação, que necessariamente implicará o seu desejo, responsabilizando-o — o autorizar-se por si mesmo[6]. Eis aí um tema recorrente em supervisão, mas que guarda uma relação orgânica com a análise pessoal do analista.

"Padre, perdoai-me porque pequei: fui seduzido pela fala de um paciente, pela bela história do seu sofrimento. Não suportei negar-lhe uma resposta minha: analisei seu comportamento, propus-lhe soluções para o seu drama, atendi de boa vontade à sua demanda. E o resultado foi mais frustração. E foi com um certo desprezo que ele me largou, deixando-me

---

5 Enquanto relação intersubjetiva, a análise não ocorre. Na melhor das hipóteses, é uma possibilidade. Lacan, neste momento, chama a análise de relação intersubjetiva porque as circunstâncias tornaram mais premente marcar uma diferença com uma relação intrasubjetiva — "Aí está ela, a introspecção!" (LACAN, 1998, p 249) Operar no discurso do analisante sem enxertar realidades discursivas do próprio analista: um paradoxo que Lacan só irá resolver plenamente com a formulação do *discurso do analista*, onde finalmente os resquícios de uma relação intersubjetiva podem ser plenamente abandonados — o analista, melhor, o agente de seu discurso, ocupa uma posição de objeto, não de um outro sujeito. Daí não poder, como sujeito, ser seduzido.

6 Percebe-se aqui que não se trata de um momento no percurso de sua formação quando o analista "autorizou-se" e começou a clinicar, se não de fato, de direito. Ao contrário, o "autorizar-se por si mesmo" ocorre em todos os momentos nos quais o analista se vê só na condução da análise, contando apenas com o seu **desejo de analista**: não é um Outro que ali o garantirá — seja uma instituição que o nomeia analista, seja um diploma, um doutorado, etc., objetos ligados mais intimamente a um **desejo de ser analista**.

com o seu vazio". Eco do tipo de supervisão que uma escola de psicanálise, se igreja, praticaria. Mas não menos verdadeiro quando serve para combinar (metonímia) pontos chaves: Pecado é desejo; deste modo, esse tipo de "confissão" é da ordem de sua análise pessoal — e não supervisão — porquanto é da ordem do seu desejo; o que opera na análise é o desejo do analista; a resistência, por ter como causa a sedução que é possibilitada pelo desejo, é sempre do analista.

Este pecado de ser seduzido deve ser evitado, mas a ética do analista não é a ética do padre — notoriamente no caso do desejo. Um erro do par (analista) supervisor/supervisionado (também analista) que o aproxima do par padre/paroquiano é tomar como verdade que o pecado é evitado, resistindo-se ao desejo. Esta é uma verdade para o segundo par: é a ética da igreja[7]. Mas resistir a desejo é, basicamente, resistência. "Resistir à sedução". Esse engano verdadeiro do "analista paroquial" o faz tomar a sedução como causa e a resistência como reação necessária. Mas, ao contrário, ser "seduzível" é efeito do desejo daquele que se intitula analista, mas que não passa de um paroquiano pecador. Se há um pecado a confessar — leia-se uma questão efeito do próprio desejo de quem "pecou" —, dentro do campo analítico isso diz respeito não ao par supervisor/supervisionado, mas ao par analista/analisando.

Ser seduzido pelo discurso do analisando é responder a sua fala vazia fora do campo de sua própria fala, o que não é livre de conseqüências. Lacan nos adverte para os efeitos de responder, fora da fala, a esse discurso: frustração, agressividade:

> "Uma resposta à fala vazia, mesmo e sobretudo aprobatória, freqüentemente mostra por seus efeitos que é bem mais frustrante do que o silêncio [do analista]. Não se tratará, antes, de uma frustração que seria inerente ao próprio discurso do sujeito? (...) Este *ego* (...) é frustração em sua essência. É frustração, não de um desejo do sujeito, mas de um objeto em que seu desejo está alienado, e, quando mais este se elabora,

---

[7] Um erro de um grupo se identifica a uma verdade de um outro: necessariamente há efeitos na ética deste primeiro grupo, que tornam assim verdadeiro seu erro.

> mais se aprofunda no sujeito a alienação de seu gozo. (...) É por isso que não há resposta adequada para esse discurso, pois o sujeito tomará por desprezo qualquer fala que se comprometa com o seu equívoco". (LACAN, 1998, p 250, 251)

Mas não se comprometer com o seu equívoco não significa, *de uma posição fora dele*, desarticulá-lo. Denunciar as intenções imaginárias do discurso, desvinculando-as da relação simbólica em que ela se exprime, desmontando o objeto que o sujeito construiu para satisfazê-las, só provocaria a agressividade do escravo, que responde assim à frustração do seu trabalho com um desejo de morte. "Nada deve ser lido nisso, no que concerne ao *eu* do sujeito, que não possa ser assumido por ele sob a forma do [*eu*], isto é, na primeira pessoa"

> "O analista, portanto não pode sem perigo acuar o sujeito na intimidade do seu gesto, ou mesmo de sua estática, a não ser para reintegrá-los como partes mudas em seu discurso narcísico. (...) O perigo não está na reação negativa do sujeito, mais antes em sua captura numa objetivação, não menos imaginária do que antes, de sua estática ou de sua estátua, numa situação renovada de sua alienação. Muito pelo contrário, a arte do analista deve consistir em suspender as certezas do sujeito, até que se consumem suas últimas miragens. *E é no discurso que deve escandir-se a resolução delas.* (LACAN, 1998, p 252, 253, grifo nosso)"

Não ser seduzido pela fala vazia, abster-se de respondê-la. Seu efeito mais esperado? Submeter o analisante ao "trabalho forçado deste discurso sem escapatória" (LACAN, 1998, p 249), a "Associação Livre", quando a possibilidade de ruptura do discurso para parir a fala lhe é imanente.

> "A análise só pode ter por meta o advento de uma fala verdadeira e a realização, pelo sujeito, de sua história em sua relação com um futuro". (LACAN, 1998, p 303)
>
> "Está claro que a abstinência do analista, sua recusa em responder, é um elemento da realidade da análise. (...) De resto, esta abstinência não é indefinidamente sustentada; depois que a questão do sujeito assume a forma de fala verdadeira [plena], nós a sancionamos com nossa resposta, embora também tenhamos mostrado que uma fala verdadeira já contém sua resposta, e que apenas reproduzimos com nosso lai seu refrão.

> Que quer dizer isso, senão que nada fazemos senão dar ao sujeito sua pontuação dialética?" (LACAN, 1998, p 311)

Isso também não ocorre sem o risco de uma nova sedução. Pois se esse *durcharbeiten* é percebido pelo paciente como um trabalho, no nível de exigir uma aprendizagem, uma formação de operário especializado para realizá-lo, o obsessivo o tomará como tal dentro de sua dialética particular de Senhor e Escravo. Sua especificidade é que nela o escravo obsessivo

> "esquivou-se ante o risco da morte[8], onde a oportunidade de dominação lhe foi oferecida numa luta de puro prestígio [com o analista, com o pai, etc.]. Mas, como sabe ser mortal, ele também sabe que o senhor pode morrer [até porque, como pai, é bem mais velho que ele, filho...]. Por conseguinte, pode concordar em trabalhar para o senhor, [no caso de seu analista, contando-lhe uma bela história de um sintoma] e em renunciar ao gozo nesse meio tempo: e, na incerteza do momento em que chegará a morte do senhor, ele aguarda."

"Tal é a razão intersubjetiva tanto da dúvida quanto da procrastinação que são traços de caráter no obsessivo." (LACAN, 1998, p 315)
Assim, um obsessivo ficará anos em uma "análise", falando de si, numa "miragem de monólogo com que as [suas] fantasias acomodatícias estimulavam sua jactância" (LACAN, 1998, p 249) para sua analista completamente seduzida pelo seu *working through*, falando de seu drama em tomos, capítulos, fascículos, todos de mesmo tamanho definido, 30 minutos, como se personagem fosse — o que evidentemente era na, sua única, realidade — de uma peça teatral onde, apesar da personagem principal ter o

[8] Morte essa que é nada menos que o instinto de morte — como termo dialético que opõe vida (instinto, biologia) e morte — em sua acepção de termo da linguagem, ou seja, significante, e sua vertente clínica manifestada na técnica lacaniana das sessões curtas, de tempo variável, cujas "suspensões são [portanto] experimentadas pelo sujeito como uma pontuação em seu progresso" (LACAN, 1998, p 314): um rompimento do discurso somente para parir a fala (LACAN, 1998, p 317). Morte que "está presente a cada instante no que essa história tem de acabado. [Ela] representa o passado sob sua forma real, isto é, (...) o passado que se manifesta revertido na repetição" (LACAN, 1998, p 319).

nome idêntico ao seu próprio, cujo codinome era "Eu" (Je), ele lá não se encontrava: estava no camarote, incógnito...

Mas "todo o seu trabalho se efetua sobre a égide dessa intenção [de espera pela morte do senhor] e se torna, por essa égide, duplamente alienante" (LACAN, 1998, p 315). Com a frustração que disso adveio, o único efeito terapêutico obtido foi justamente vencer a própria procrastinação em mudar de analista...

Quando encontros com o Real — ocorridos fora da análise, obviamente[9] — causaram o abandono e a subseqüente busca de um outro analista, homem, reiniciou com o mesmo afinco, em sua fala, seu trabalho cujo produto era o drama de sua história pessoal, de uma dívida eterna com o pai rico, manifestada em uma nunca interrompida, exceto por um curto período[10], dependência financeira do pai.

Entretanto o trabalho desse obsessivo é recebido com um certo desdém pelo seu analista: o efeito é que em uma dada sessão, logo em seguida a uma, outra em que teve uma derrisória tentativa de reviver a alienação de seu drama rejeitada com veemência, é então capaz de sentir "um vazio, um medo de não ter nada a dizer, o que contar, que drama viver, pois sente que todas as histórias do passado, suas histórias sobre si mesmo, acusações ao pai, dramas familiares, aquilo que se tivesse ocorrido de outra maneira sua vida hoje seria diferente, etc., tudo aquilo ele agora sentia como sendo nada mais que histórias, vazias, como uma encenação, cuja platéia onde não havia mais ninguém — exceto ele mesmo no camarote". Antes que esse encontro com o inefável[11] fosse tornado ponto de partida para uma nova elaboração ainda mais demonstrativa da sua "boa vontade", elaborando um novo drama sobre a derrisão do seu drama, o analista interrompe a sessão com uma pergunta que remetia ao advir, devolvendo-o ao mundo com seu furo.

---

[9] Mas curiosamente ligados à sua dialética: dentre os mais explícitos estava a morte do marido da analista, ele também analista.

[10] Foi justamente neste período que iniciou sua primeira análise. Logo a seguir retomou sua dependência financeira do pai com o abandono de uma carreira consolidada de futuro promissor para iniciar, a partir do zero, uma nova profissão em um ramo cujos casos de sucesso são notórios pelo tempo que levaram para amadurecer.

[11] Justamente onde Lacan aponta que surge, para o analista, a tentação de abandonar o fundamento da fala.

> "Reconduzir a experiência psicanalítica à fala e à linguagem, como a seus fundamentos, interessa sua técnica. *Se ela não se insere no inefável*, descobre-se o deslizamento que se operou, sempre em sentido único, afastando a interpretação de seu princípio." (LACAN, 1998, p 290, grifo nosso).

Princípio que leva a escuta aos seus riscos, onde a possibilidade de erros deve ser suportada pelo nosso desejo.

RESTOS

"Digo sempre a verdade: não toda, porque dizê-la toda não se consegue. Dizê-la toda é impossível, materialmente: faltam as palavras. É justamente por esse impossível que a verdade toca no real" (LACAN, 1993, p 11). Algo semelhante pode ser dito a respeito de "*Função e campo da fala e da linguagem em psicanálise*": dizê-lo todo, mesmo de um recorte, por menor que seja, é impossível. Torna-se, então, um privilégio quando vencemos o desafio de escrever sobre ele, mesmo um texto que se assume mais um passeio que uma análise, uma resenha. Porque o impossível de dizê-lo — seria o real do texto? — provoca-nos, nos angustia, tocando naqueles pontos cujo encaminhamento só se faz pelo viés da análise pessoal, materiais privilegiados, a saber, os equívocos, erros, impasses, medos, etc. Restos se produzem que enriquecem o passeio. Pois se o correto, o verdadeiro, a certeza, são categorias filosóficas em que a arrogância de um reconhecimento universal se manifesta, os erros são particulares do indivíduo, do sujeito, por mais que cultivados coletivamente. Esses, então, revelam mais da estrutura que nos interessa que uma verdade que se explica por si mesma, cuja insipidez é a única razão de fracasso para a espirituosidade. Que os erros que este texto possui, em sua relação com aquele que o inspira, assim se justifiquem.

BIBLIOGRAFIA

LACAN, J. Função e campo da fala e da linguagem em psicanálise, in: *Escritos*. Jorge Zahar Editor: Rio de Janeiro, 1998.

___. *Televisão*. Jorge Zahar Editor: Rio de Janeiro, 1993.

Do demoníaco à banalidade do mal*

*Doris Luz Rinaldi***
Psicanalista.
Membro da Intersecção Psicanalítica do Brasil

Resumo

O artigo discute o problema do *mal*,articulando-o aos conceitos de pulsão de morte e gozo, a partir da noção de *banalidade do mal* (Arendt, 1963), em que o mal, domesticado pela lei moral, perde o seu caráter de *tentação*, revelando, sob o imperativo do *dever*, a sua face perversa.
Palavras- chave: mal, pulsão de morte, gozo

Of demonic to the triviality of the evil

Summary:

The article argues the problem of the evil, articulating it with thre concepts of instintct of death and joy, from the notion of triviality of the evil (Arendt, 1963), where the evil, domesticated for the moral law, loses its character of temptation, disclosing,
under the imperative of the duty, its perverse face.
Key-words: evil, instinct of death, joy.

* Trabalho apresentado na Reunião Lacanoamericana de Psicanálise do Recife, de 20/09 a 2/10/2001.

** Professora do Programa de Pós-graduação em Psicanálise do Instituto de Psicologia da Universidade do Estado do Rio de Janeiro, autora do livro *A ética da diferença: um debate entre psicanálise e antropologia*, Rio de Janeiro, Ed. Jorge Zahar/EDUERJ, 1999 (2ª ed.).

No século XX, Auschwitz representou o protótipo do mal radical, do horror absoluto, cuja repetição e imitação deveriam ser evitadas a qualquer preço, mas que insiste em retornar, sob diferentes formas.

Ao entrarmos no século XXI, trazemos como herança um extraordinário avanço científico e tecnológico que sustenta a ilusão de um mundo sem fronteiras, globalizado, acompanhado, paradoxalmente, de um aprofundamento das disparidades sociais e econômicas, com a exclusão de bilhões de pessoas dos benefícios sociais e econômicos desses avanços, além de um aumento sem precedentes das rivalidades étnicas e religiosas que têm resultado em guerras fratricidas, das quais temos inúmeros exemplos. Se, de um lado, caem os muros, de outro eles são reconstruídos de forma ainda mais brutal, num processo em que vigora de forma radical o que Freud chamou de "narcisismo das pequenas diferenças".

Nada mais atual, hoje, do que as formulações de Freud em 1929, em "O mal-estar na cultura", quando aponta a agressividade, face visível da pulsão de morte, como o principal obstáculo à civilização. Da mesma forma, nada mais apropriado do que as observações de Lacan na "Proposição de 9 de outubro de 1967", ao afirmar que a conseqüência da universalização introduzida pela ciência será a segregação, da qual os campos de extermínio nazistas são apenas os precursores.

Isto nos introduz no tema que pretendemos abordar neste trabalho – o problema do *mal* – suscitado pela leitura do livro de Hanna Arendt, *Eichmann em Jerusalém: um relato sobre a banalidade do mal* (2000), escrito a partir da cobertura do julgamento do carrasco nazista Adolf Eichmann em Jerusalém, 1961, feito pela autora para a revista *The New Yorker*, e publicado sob a forma de livro em 1963.

Várias questões me despertaram a atenção nessa leitura, sendo que duas de forma marcante: em primeiro lugar, o próprio conceito de *banalidade do mal*, que Arendt apresenta apenas ao final de seu relato, mas que dá a tônica de toda a exposição, onde se revelam pouco a pouco os traços característicos da ordem nazista e de seu funcionamento. Eichmann, como fica demonstrado, não era um monstro, apenas um funcionário dessa ordem, apenas um cidadão respeitador das leis do estado nazista. Por isso, ele se declarou insistentemente, durante todo processo, "inocente no sentido da acusação", uma vez que era obediente à lei.

O sistema nazista, por sua vez, não se constituiu como uma aberração ou como uma loucura coletiva, mas, ao contrário, pela racionalidade e pela ordem, na administração daquilo que Lacan chamou de "serviço dos bens". Tudo se apresentava de forma coerente, ordeira e normal, e, nesse sentido, demasiadamente humana. A expressão "massacres administrativos" é a que melhor traduz o que ocorreu na Alemanha sob o domínio de Hitler, evidenciando o caráter legal da ordem nazista, no seu projeto de preservar o *bem* e eliminar o *mal*. Esta eliminação, antes de chegar aos judeus, encarnação de todo o *mal* no universo nazista, teve início com o assassinato dos doentes mentais no programa de eutanásia que pretendia dar a esses, assim como a outros doentes incuráveis, uma "morte misericordiosa", pois "o pecado imperdoável não era matar pessoas, mas provocar sofrimento desnecessário"(Arendt, 2000: 125). A Solução Final, ordem do Fürher que determinou o extermínio físico dos judeus, foi seguida de uma série de ordens legais, regulamentos e diretivas elaboradas por advogados e conselheiros legais, ficando claro que não se tratava de uma simples ordem, mas de uma lei. O caráter de lei derivava menos desta sustentação jurídica do que do fato de ser uma ordem direta do Fürher, pois no Terceiro Reich as palavras de Hitler tinham força de lei. Esse envoltório legal tinha, contudo, importância decisiva para revestir de normalidade a decisão de extermínio apresentada sob o codinome oficial de "solução final".

O segundo ponto que me chamou a atenção na leitura deste relato refere-se à afirmação da autora de que, no sistema nazista, o *mal* perde a sua principal qualidade, pela qual a maior parte das pessoas o reconhecem – a qualidade da *tentação*. Esta observação me parece fundamental, uma vez que coloca em questão a relação entre lei, desejo e gozo, na constituição de uma ordem superegóica, que se apresenta como imperativo categórico de gozo.

Eichmann não manifestava em seu discurso nenhum desejo singular que sustentasse os seus atos e, nesse sentido, não tinha nenhuma grande motivação para fazer o que fez. Apresentava um discurso vazio, repleto de clichês e frases feitas, repetidas com enorme coerência ao longo do julgamento. Não se tratava, contudo, de fingimento, pois seu discurso vazio não escondia pensamentos hediondos ou criminosos. Sua língua era o "oficialês", como ele mesmo afirmou. Como o especialista em questão judaica que se tornou ao longo de sua carreira, só sabia o que estava tecnicamente ligado ao seu trabalho. Em relação aos judeus não nutria nenhum ódio especial, tendo mesmo razões familiares para não ir contra eles.

Seu desejo manifestava-se palidamente no empenho em obter progressos pessoais em uma carreira em que o "sucesso" colocava-se no horizonte como o padrão da boa sociedade, da "sociedade respeitável". O paradigma do sucesso era para ele o próprio Hitler, em sua trajetória de cabo do exército alemão a Fürher de um povo de quase 80 milhões de pessoas. Diz Eichmann: "Bastava o seu sucesso para provar que eu devia me subordinar a esse homem" (Arendt,op.cit.:143). Devotava às ordens do Fürher uma obediência cega, uma vez que essas traziam o peso da lei - a nova lei da terra. Nada havia nele, portanto, que o aproximasse do diabólico ou do demoníaco, ao contrário, enquadrava-se perfeitamente na ordem moral vigente. Mais do que obedecer a ordens superiores, ele cumpria o seu *dever*, atribuindo a essa noção um sentido kantiano. Durante o interrogatório na polícia, revelou-se um leitor de Kant, declarando que tinha vivido toda a sua vida de acordo com os princípios morais de Kant, em particular segundo a definição kantiana do dever. Os únicos momentos em que se sentia culpado eram aqueles em que tinha deixado de cumprir o seu dever. A lei como forma universal da máxima moral, independente de qualquer consideração subjetiva, era o verdadeiro móvel da sua vontade e da sua ação. Vemos aí o reino puro da lei, tal como Kant a definiu.

Nessa notável inversão da lei moral kantiana, que segue rigorosamente os preceitos do próprio Kant, o *mal*, sob a forma da lei, é desinvestido de seu caráter de tentação, desvinculando-se de qualquer motivação "patológica". As autoridades, ao escolherem aqueles que deveriam efetivar o projeto de extermínio, tinham a preocupação de afastar todos aqueles que sentiam prazer físico com aquilo que faziam. Como o carrasco sádico que cumpre o seu dever independente de qualquer móvel patológico, os assassinos nazistas agiam exclusivamente no cumprimento do dever.

É nesse ponto que Kant se aproxima de Sade, o que nos leva a indagar, seguindo Roudinesco (1994:318), se Lacan não teria tido acesso ao relato de Hanna Arendt quando escreveu "Kant com Sade" ((1962) 1966). Nesse texto, Lacan vai fazer a equivalência entre o bem kantiano e o mal sadiano, mostrando a simetria entre o imperativo categórico kantiano, e o imperativo sadiano do gozo. No discurso sadiano, o carrasco dedica-se ao gozo do Outro, colocando-se como mero instrumento da Vontade do Outro. A forma mais pura do Outro é a da voz que dita uma lei que ordena ao sujeito que cumpra o seu dever. Para Eichmann, era a voz do Fürher, e da sociedade respeitável à sua volta. Sua voz interior – da consciência – coincidia com a voz do Fürher.

É importante assinalar, além disso, que o *mal*, ao domesticar-se sob a ordem moral, entra no terreno do "serviço dos bens", no campo da política. No nazismo, a deportação de milhares de homens, mulheres e crianças para a morte constituiu-se numa solução política para a questão judaica, à qual Eichmann dedicou-se com especial cuidado. Nesse contexto, o *mal* se torna banal, pois nada mais rotineiro do que embarcar pessoas em trens. Não se pode desconsiderar, todavia, em relação à "solução final", que estava claro para o próprio comando nazista que se tratava, não de um fato corriqueiro, mas de algo extraordinário que deveria ser protegido pelo segredo, através das "regras de linguagem". Esse caráter extraordinário, ao contrário de ser associado a algo moralmente reprovável, combinava com a megalomania e onipotência do projeto nazista, no seu anseio de realizar algo grandioso e único na história. O slogan cunhado por Himmler – "Sabemos que o que esperamos de você é sobretudo ser sobre-humanamente desumano" (Arendt, *op.cit.*: 121) – indica claramente isso.

As "regras de linguagem", mais do que esconder os crimes planejados, ao esvaziar o discurso de seu tradicional sentido moral, através da utilização de significantes "politicamente corretos" como "solução final", "evacuação", "tratamento especial", "reassentamento", em lugar dos termos "extermínio", "eliminação" e "assassinato", visavam construir uma nova consciência em que se consolidava a inversão da ordem moral transformada na própria imagem da ordem. Assim, quando surgiam sentimentos de piedade diante do sofrimento infligido ao outro, ao invés de dizerem "Que coisas horríveis eu fiz com as pessoas", diziam: "Que coisas horríveis eu tive de ver na execução de meus deveres, como essa tarefa pesa sobre os meus ombros" (Arendt,*op.cit*:122). Essas "regras", integradas à lei enquanto imperativo incondicional do dever, promoviam um reviramento da posição do carrasco, de executor da lei a objeto dessa lei, em que a piedade invertia sua direção e voltava-se para ele próprio. É esse mascaramento que sustenta o paradoxo que Eichmann apresentou, ao final do processo, de condenar a ordem nazista, ao mesmo tempo que reafirmava sua lealdade a ela, sem nenhuma culpa. Vê-se aqui o lugar do carrasco como objeto do gozo do Outro, na sua submissão à lei moral. Por isso, Lacan afirma que Sade fornece a verdade de Kant ao evidenciar este objeto que em Kant está recalcado.

A preocupação com a linguagem – em particular com os slogans cunhados como ordens - chama a atenção neste projeto totalitário em que não há lugar para a expressão da mínima diferença, na construção de uma sociedade perfeita, sem falhas, através da extirpação do *mal* encarnado pelo judeu. A padronização da linguagem, e sua universalização, evita, kantianamente, a divisão do sujeito implicada em toda lei moral, entre sujeito do enunciado e sujeito da enunciação. O carrasco nazista se reduz ao sujeito do enunciado, na medida em que se coloca como um cidadão "a altura da sua responsabilidade", isto é, obediente à lei superegóica. O célebre lema dos SS, retirado de um discurso de Hitler – "Minha honra é minha lealdade", evidencia como as "regras de linguagem" modelam o sujeito. Sob o imperativo da lei, o desejo, causa da fenda do sujeito, é mortificado e se diz como vontade de gozo. O que a experiência sadiana paradoxalmente revela, como mostra Lacan, é que, ao convocar essa vontade no Outro, o sujeito transmuta-se em objeto/instrumento desse gozo. Ao se fazer instrumento da vontade do Outro, ele evita sua divisão constitutiva, ao preço da alienação completa de seu gozo (Zizek, 1992:68). Por trás da neutralidade da lei moral kantiana, surge, portanto, a sua face sádica, obscena e maligna.

Nessa economia de gozo, que lugar ocupa o judeu? O judeu, como protótipo do *mal*, ocupa aqui este lugar de resto que deve ser eliminado, objeto impossível, inassimilável – *das Ding* – encarnação do próprio gozo enquanto confina com a morte, ponto limite do universo nazista. Morte nas câmaras de gás como destino não apenas para os judeus, mas que os participantes do sistema nazista esperavam para si mesmos, como um supremo bem proveniente da benevolência do Fürher, no caso de perderem a guerra. Assim, o gozo se petrifica no judeu, transformado num fetiche que, ao mesmo tempo, sustenta a estrutura totalitária nazista e evidencia sua impossibilidade.

Como vítimas, os judeus dividiram-se entre aqueles que marcharam ordeiramente para a morte, isto é, a grande massa do povo judeu, a liderança judaica que, em grande parte, colaborou com os nazistas, e os poucos que se rebelaram. Como afirma Hanna Arendt: "Para um judeu, o papel desempenhado pelos líderes na destruição de seu próprio povo é, sem nenhuma dúvida, o capítulo mais sombrio de toda uma história de sombras" (*op.cit.*:134).

Durante o julgamento de Eichmann, discutiu-se o papel da administração judaica na organização das deportações, com a elaboração das listas dos deportados e na seleção daqueles que deveriam ser salvos. Entre esses estavam os funcionários dos conselhos comunitários judaicos e os "judeus mais importantes", entre os quais os judeus alemães. Alguns desses líderes fundamentaram sua colaboração em razões "humanas", pois "viver na expectativa da câmara de gás podia ser bem pior". Esse tipo de "humanidade" teve como conseqüência que pessoas se apresentassem voluntariamente para a deportação para Auschwitz, considerando insanas aquelas que tentavam lhes dizer a verdade (Arendt, *op.cit.*:135).

A colaboração das vítimas foi, portanto, fundamental para a realização do projeto de extermínio nazista, em uma ordem moral onde as razões "humanas"- equiparadas ao bem - perpassaram o discurso de algozes e vítimas, desde a "morte misericordiosa" promovida pelos carrascos em relação aos 'imperfeitos' até a as negociações políticas da liderança judaica para salvar os 'melhores'. A estranha correspondência dessas ações chama a atenção para a banalização do *mal*, na medida em que ele se subordina ao *bem*, como fator de política, fundada na moral do poder. O âmbito do bem é o do nascimento do poder e, na radicalidade como ele se constituiu no universo totalitário nazista, o homem, como vítima, não parece ter sido muito melhor do que o seu carrasco, como lembra Badiou (1995:25). Se isto em nada minimiza o horror perpetrado pelos nazistas, nos desperta para a não transcendência desse mal e para sua estranha vizinhança em relação à nossa própria humanidade.

Freud, em entrevista concedida ao jornalista americano George Sylvester Viereck, em 1926, afirmou: "Minha língua é o alemão. Minha cultura, minha realização é alemã. Eu me considero um intelectual alemão, até perceber o crescimento do preconceito anti-semita na Alemanha e na Áustria. Desde então prefiro me considerar judeu".

No contexto do nazismo em gestação, Freud coloca-se no lugar de resto que o anti-semitismo pretende eliminar, não como vítima, nem muito menos como aquele que, dentre as vítimas, poderia ser salvo. Pelo contrário, ao atravessar sua identidade alemã pelo significante judeu, ele incorpora o "*mal*" em si mesmo, revelando o ponto de fracasso de qualquer identidade, que aponta para esse lugar de abertura, não eliminável, real, de toda ordem e que diz respeito ao gozo.

Se o princípio do prazer é a lei do bem, do bem-estar, Freud, ao formular o conceito de pulsão de morte, como aquilo que está para além do princípio do prazer, confere-lhe um caráter demoníaco, instaurando-a no âmago do sujeito, assim como no âmago da civilização, em seu mal-estar. Se essa força nos confronta permanentemente com os princípios de nossa própria destruição, é ela também que, a partir desse lugar vazio, inominável da Coisa, sustenta secretamente o movimento desejante de construção significante que rege a vida. Nessa tensão permanente entre pulsão de morte e pulsão de vida, no dizer freudiano, desenvolvem-se os fenômenos da vida em direção à morte. A tentativa de foracluir esse vazio do simbólico tem como conseqüência o seu retorno no real, sob a forma do crime, da barbárie, do genocídio que, ao banalizar-se sob a égide da lei moral, revela ainda mais o seu caráter profundamente brutal. Transformando-se em norma, burocratizando-se, o *mal* perde a marca da tentação e, nesse sentido, o seu vigor transformador, mantendo apenas o seu caráter destrutivo.

Se Kant e Sade foram fundamentais para a virada freudiana em termos de ética, como diz Lacan, o passo dado por Freud foi justamente trazer para o âmago do sujeito esse núcleo desumano que se coloca como causa de desejo, onde o gozo, submetido à lei simbólica, da castração, não se situa nem como um bem nem como um mal, mas como aquilo que não serve para Nada. É esse Nada, contudo, que pela sua insistência repetitiva, demoníaca, põe a girar o desejo humano. Como tal ele nada tem de banal.

A recusa dessa fratura interna ao sujeito e à civilização, seja em nome do supremo bem, sob a lei moral, que se efetiva como imperativo de gozo, seja em nome do universal da ciência e do pensamento único, globalizado, tem conseqüências funestas, principalmente quando se banaliza. Se o pesadelo hitleriano aparece para nós como o protótipo do mal radical, que não nos concerne, o conceito de banalidade do mal, trazido por Hanna Arendt, vem nos mostrar o quão próximo ele pode se fazer de nós.

Referências Bibliográficas:

ARENDT, Hanna. *Eichmann em Jerusalém: um relato sobre a banalidade do mal,* São Paulo: Ed. Companhia das Letras, 2000.

FREUD, Sigmund. "O mal-estar na cultura", *Obras Psicológicas Completas,* Ed. Standard Brasileira. Rio de Janeiro: Ed. Imago, 1976.

____. "O valor da vida: uma entrevista rara de Freud", entrevista concedida a George Sylvester Viereck, Viena, 1926.

LACAN, Jacques. "Kant com Sade", *Escritos.* Rio de Janeiro: Jorge Zahar Editor, 1998.

ROUDINESCO, Elisabeth. *Jacques Lacan: esboço de uma vida, história de um sistema de pensamento.* São Paulo: Companhia das Letras,1994.

ZIZEK, Slavoj. Eles não sabem o que fazem; o sublime objeto da ideologia. Rio de Janeiro: Jorge Zahar Editor, 1992.

Pra falar de amor.......

Renata Conde Vescovi
Analista
Membro da Escola Lacaniana de Psicanálise de Vitória

Resumo

Neste artigo, a autora trabalha a constituição da tela da fantasia, a partir do investimento amoroso do Outro Materno, mostrando através de um fragmento da clínica com crianças os tempos lógicos do sujeito em posição de objeto: posição de falta, perda e causa de desejo. Operações que garantem o nascimento do sujeito no Desejo do Outro até a aquisição de uma imagem corporal.
Palavras-chave: clínica com crianças - o investimento amoroso do Outro Materno - a aquisição da imagem corporal.

Résumé

Dans cet article, l'auteur élabore la construction de l'écran de fantasme, ensuite de l'investissement de l'amour de l'Autre. Maternel en train de faire montre pour un fragment de la clinique d'enfant les temps logiques du sujet en position de l'objet: Position de manque, perdre et cause du désir. Acts que assurent la naissance du sujet dans le désir de l'Autre jusqu'à acquisition d'une image corporelle.
Mots clé: clinique d'enfant; l'investissement de l'amour de l'Autre Maternel; acquisition d'une image corporelle.

"Amar necessita sempre de recusar"
Lacan

Eu vou falar de amor. Não do amor que aprisiona e paralisa a gente e nos deixa cativos, prisioneiros de um olhar, sempre habitando o mesmo lugar sem poder ir além.

Eu quero falar do amor que faz avançar e que também faz crer que lá adiante, atrás da última montanha, bem depois da última curva é possível encontrar o objeto do desejo. Aquele que faltava. A última peça do quebra-cabeças para inteirar o quadro.

Falo do amor que nos põe em marcha. Sinalizando uma direção onde só se haverá de encontrar a ausência de sentido e o vazio de uma imagem. Pois o caminhar se presta apenas para ir percebendo os detalhes e as sutilezas de um caminho que se constrói em ato.

Eu digo, assim, aquilo que Lacan escreveu em vários momentos de sua obra fazendo disto um aforisma: "O amor vem em suplência a falta"[1]. Nos desperta para o desejo de saber, desde que, se continue não-sabendo. Esta é a direção: o não saber. Que é diferente de estar sem saber e também da ignorância oriunda da paixão.

O não saber é aquilo que nos entusiasma a ir adiante. É o que sempre resta da construção da trilha feita por um sujeito em seu percurso numa psicanálise. Por isso Lacan também disse: "Amar é dar aquilo que não se tem"[2]. Pois é impossível saber antecipadamente qual o caminho de um sujeito. E não se tem mesmo para dar. Desde que sejamos habitados pela castração que sustenta o enigma da vida humana:. A castração é a consagração do ato de amor de um Pai por um filho. Daquele que, mesmo não sendo o genitor, põe em funcionamento algo que lhe pré-existe: a função paterna.

Esta última estabelece inevitavelmente um primeiro limite ao homem, cravando-lhe a carne da vida simbólica. Um primeiro traço no corpo de um filho, que este fará valer ou não em sua trajetória de vida. Um traço correlativo ao nascimento da pulsão, e, se vigorar, lhe servirá de fio simbólico, livrando-o de uma errância em relação ao significante paterno muito própria da psicose. Unindo assim passado e futuro, tecendo a trama de pelo menos três gerações, ao mesmo tempo em que lhe confere lugar numa linhagem familiar.

---

[1] Lacan, Jacques, A Transferência - Livro 8 - Jorge Zahar, pag. 217
[2] Jacques, Lacan, A Transferência - Livro 8 - Jorge Zahar, pag. 314

Até aqui, digamos assim, o terreno para o amor está apenas preparado.

Num primeiro tempo, nos encontramos diante de uma perda que se faz resto. O bebê humano nasce para o mundo subjetivo da condição de resto de um ato de amor entre um homem e uma mulher. Lá onde o amor da ilusão de completude "era pouco e se acabou".

Um ato sexual não é evidentemente a copulação pura e simples. Um ato sexual se sustenta como "um significante que repete senão a cena edípica"[3], onde o agente de um ato sexual é o filho que se foi. De algum modo, um homem e uma mulher repetem no ato sexual o ato que os gerou, na tentativa de recobrir este resto, buscando agora através de um filho, um mais além para representação de um desejo.

Por mais que um filho venha selar a aliança conjugal entre um homem e uma mulher, o que o permitirá advir enquanto sujeito desejante é o fato deste, em posição de resto, provocar no Outro materno a angústia necessária a um questionamento que transformará este resto em ser, sendo batizado assim, por um sintoma. Enquanto tal, um filho virá sempre a ocupar o lugar que o vazio de uma imagem ocupa numa relação sexual. Se uma mãe preserva sua condição desejante por estar submetida à Lei do Pai, ela não tomará para si este resto que é pura pulsão de morte, fazendo disso o horror que justifica sua própria existência. Cuidando, não de um filho, mas de um corpo de necessidades sem imagem e, portanto, sem estar submetido à captura necessária da ilusão de que existe um objeto que dê conta do desejo.

Como, então, poder delimitar um circuito pulsional que organiza a libido em torno de um objeto?

Como este resto poderá, em posição de sujeito, fazer escolhas amorosas e se surpreender com o vazio que sustenta o amor?

Esta condição de resto de gozo fixado no Campo do Outro é o que se vê muitas vezes em crianças autistas. É o que pude ver em uma criança já com seus quatro anos de idade, ao entrar em meu consultório, lambendo e mordendo sem restrições tudo em que esbarrava (porta, lixeira, chão,

---

[3] Jacques, Lacan, A Lógica do Fantasma - Aula de 22/02/1967

papel..) sinalizando a pregnância da mais primitiva excitação sem a organização do circuito pulsional.

Olhando o nada, parecia não dirigir-se a um ponto no espaço em que seu corpo pudesse se deslocar. Como se não houvesse para ela um espaço constituído.

A demarcação de um único ponto onde a angústia converge com a castração é o que serve de suporte à constituição da tela fantasmática, que é o único espaço possível para o ser falante. O espaço em questão é o espaço topológico onde o homem só pode olhar o mundo a partir de seu espaço fantasmático, em que o dentro que é a fantasia, e o mundo externo se nodulam sem muita distinção ao mesmo tempo em que se separam pela moldura que demarca a tela. Essa última sendo o traço do sintoma.

"O nível do olhar é a dimensão do espaço"[4]. O ponto em questão se constitui por uma descontinuidade em função do desvio de olhar do Outro, onde o sujeito se lança ao vazio na tentativa de alienar-se aos atributos que o espelho do grande Outro lhe oferta. Por isto, ele jamais saberá o que perdeu neste ato de constituição. Este ato marca um antes e um depois; servindo um pouco de "era uma vez" que lançamos mão para contar toda e qualquer história, inclusive a de um sujeito que poderá contar: "Era uma vez, a partir do ponto em que me perdi do campo do Outro".

É preciso, então, lembro Lacan no *Seminário A Angústia*, um primeiro corte no campo do Outro Materno, surgindo em lugar da necessidade, demanda de amor por esta criança.

É preciso, também, deixar um filho ir fazer em paz seu sintoma. Construindo sua particularidade em lidar com este resto que foi causa de desejo para o Outro e o tornou herdeiro de seus traços o colocando diante do enigma da vida.

Mas como o desejo provocado no Outro em sua condição de resto pode revirar-se em demanda de amor? É ai que um filho poderá ser uma boa resposta sublimatória a um corpo pulsional. Corpo inscrito pela primeira marca do pai, agora em sua articulação aos significantes que lhes serão ofertados para compor uma imagem corporal.

---

[4] Lacan, Jacques, Seminário A Angústia - Aula de 08/05/1963.

Vou me valer de uma citação de Lacan no *Seminário a Ética da Psicanálise,* onde ele diz que "só o amor sublimatório permite ao gozo condescender ao desejo"[5].E eu acrescentaria: so o amor do Pai permite pela sublimação, elevar o objeto em sua condição de resto à dignidade de Das Ding reafirmando portando a condição para o nascimento de um sujeito que é a de tornar-se, em sua condição de resto, enigma para uma Mãe.

Na sublimação, o que se pretende é a satisfação pulsional sem a captura do objeto da satisfação. Portanto, um filho como um sintoma em sua condição de enigma ganha um pouco de liberdade. Um passo além da pura condição de objeto aprisionado no Desejo do Outro Materno. Só o amor do Pai permite nodular gozo (real do corpo) a um primeiro traço (simbólico), a imagem idealizada que se pretende ofertar a um filho (imaginário), metaforizando o enigma do Desejo Materno que vai ao infinito em uma significação fálica.

O resto corporal que declinou do campo do Outro Materno como uma imagem fixa sem nenhum contorno é o que serve de suporte ao enxame de significantes vindo agora do Pai em sua condição de homem. Um homem com seus sintomas, seus cacoetes, suas histórias de amor e desamor pela vida, por uma mulher. E todas estas coisas, que se escuta, se olha e sente; muitas vezes sem ouvir, sem tocar sem ver. Mas que nos encharca de sentido e, principalmente, de um enigma, que poderia se traduzir assim:

"Onde este pai em sua condição de homem não pode fazer desta mãe uma mulher"?

O enigma é condição chave para que haja subjetividade, permitindo que aconteça a *bricolage* dos significantes em torno do **objeto a**. O amor do pai comparece então como o quarto elemento nesta tríade gozo, angústia e desejo, nodulando assim corpo e linguagem, dando ao orifício pulsional representação no espaço. A resultante dessa operação, desse ato sexual que originou um filho, ao levar em conta os significantes que se encon-

---

[5] Lacan, Jacques, A Ética da Psicanálise - Livro 7 - Jorge Zahar, pag. 133.

tram neste ato, será sempre uma ausência recoberta por uma realização subjetiva tendo por resultante, uma significação fálica

Um psicanalista é convocado a fazer valer num certo tempo de uma análise a função paterna que vai questionando a posição de aprisionamento do sujeito diante do gozo do Outro. Por mais que lhe seja demandado a aceitação do objeto ao qual o analisante se oferta para ser amado é a posição do analista enquanto desejante que interessa ao analisante. "Eu te peço que recuses o que te ofereço, pois não é isto"[6].

Só assim é possível construir uma posição desejante e verificar que o objeto que vai caindo desta construção, e que me aprisiona a uma posição fixa para capturar o Outro no circuito pulsional, é o mesmo objeto que pode me servir para causa de meu desejo. Sendo aquilo que resta, nenhum saber alcançado nesta trajetória, poderá livrar-me desta primeira marca do Outro.

Vi-me diante de um questionamento na clínica com uma criança que fazia apelo ao comparecimento de um limite, portanto da lei do pai que a livrasse do devoramento que a presença excessiva de sua mãe lhe causava.

Ele me diz, tomado de pavor e de seu sintoma peculiar de bronquite asmática que o deixava sufocado, com muita dificuldade respiratória:

— "Minha mãe me disse que depois da morte, morreu enterrou! É verdade Renata, que isto acontece? Não se vai para o céu?

Confesso que fiquei angustiada diante de seu pavor, e me perguntei o que lhe dizer a respeito de algo que não tem resposta possível. Não cabia ali a famosa intervenção clichê dos analistas. "Fale mais sobre isto"! ou "O quê você pensa disto"? Intervenções que, às vezes, podem servir para mascarar a interpretação do analista por este não suportar os limites do indizível. A clínica com crianças nos interroga quanto a nossa posição, sem véus a respeito dos limites da castração. Onde pude responder: — "Como sua mãe pode ter tanta certeza disto, se ela ainda não morreu para saber!"

Penso que foi possível ofertar com esta intervenção um impasse lógico. Um equívoco a este sujeito que em posição de objeto encontrava-se completamente afanisado diante da potência materna. Minha resposta a esta criança dizia que suas premissas a respeito da morte, nem eram falsas nem verdadei-

---

[6] Lacan, Jacques, O Aturdito - Tradução não autorizada

ras. O de que se tratava ali era o impossível de um saber se fazer todo a respeito da verdade. Portanto, era não-todo possível abordar tal verdade.

Isto permitiu a esta criança brincar com sua fantasia a respeito da morte, inventando para si suas próprias ilusões. Separando-se um pouco da demanda de um Outro muito presente em sua vida sem deixar de incluir em sua fantasia os traços herdados por este Outro que o determina. Pois não se separa do Outro o amaldiçoando porque ele não foi capaz de me reconhecer como objeto de seu amor e me prover com o objeto tão sonhado. Como se fosse necessário agora destrui-lo para que o desejo de um sujeito pudesse tomar seu lugar. Se o Outro me reconhecesse sem limites, mais e mais eu iria querer seu reconhecimento, até o inesgotável. Só restando, então, a violência para livrar-me deste Outro, tamanha é sua presença.

O único voto de amor que um sujeito pode esperar do Outro é o fato dele ter nascido de sua condição de perda originária no Campo do Outro e que fez nascer ai neste campo causa de desejo. Causa esta que também me coloca em causa. Não de desejo por um objeto. "Mas que me interroga na raiz mesma de meu desejo, a mim como objeto a"[7]. Uma causa que antecede minha existência, que me condiciona ao Outro e que "não posso fazer nada para romper este aprisionamento, salvo me engajar nele"[8]. Pois só se separa do Outro, quando se verifica que ele "nem me reconhece nem me desconhece"[9]. Ele apenas me determina com seus traços e com o enigma de seu desejo.

Bibliografia

LACAN, J. O Seminário, livro 8 (1960-1961), *A Transferência*. Jorge Zahar Editor, Rio de Janeiro: 1992.

Lacan, J. O Seminário, livro 14 (1966-1967), La *Logique du Fantasme*, semonário inédito.

Lacan, J. O Seminário, livro 10 (1962-1963), *La Angoisse*, seminário inédito.

Lacan, J. O Seminário, livro 7 (1959-1960), *A Ética da Psicanálise*, Jorge Zahar Editor, Rio de Janeiro, 1991.

Lacan, J. *L Étourdit*, texto inédito.

---

[7] Lacan, Jacques, *Seminário A Angústia* - Aula de 16/01/1963

[8] Lacan. Jacques, *Seminário A Angústia* - Aula de 16/01/1993

[9] Lacan, Jacques, *Seminário A Angústia* - Aula de 16/01/1963

A MEDICALIZAÇÃO DA DOR: DA PSICANÁLISE E DA PSIQUIATRIA

RESUMO

O autor procura abordar os momentos de possíveis entrada de uma medicação num paciente em tratamento psicanalítico. São abordadas situações de resitências na direção da cura, onde se questionam consequências e desvios nas modulações transferenciais.

Palavras-chave: Medicalização, Psiquatria, Psicanálise e Dor.

ABSTRACT

The author stands out the possible spaces of a medical drug on psychoanalytical treatment. Situations of resistance on the healing direction are explained , where the consequences and deviations on transferencial modulations are questioned.

Key words: Medicalization, Psychiatry, Psychoanalisys and Pain. "

O texto já estava concluído. Pronto para ser publicado numa revista de psicanálise. Não havia nada mais a acrescentar. Ele carregava consigo uma certa coerência, além de uma consistência teórica que caía bem na circulação do "já esperado", dentro das "exigências" e expectativas que percorrem o meio psicanalítico, fundamentalmente os grupos ditos lacanianos. Certamente seria aceito por uns e criticado por outros. Mas ele estava numa certa *conformidade* com o que circula por aqui e ali.

Era um texto que se poderia dizer "psicanaliticamente correto". Da mesma forma que se diz "politicamente correto" de alguma coisa que está inserido no encaminhamento de uma norma.

Essa conformidade é, muitas vezes, a maneira pela qual perpassa uma comunicação cifrada, que é uma linguagem velada entre analistas e que impede a emergência de uma possível enunciação, de algo mais elaborado e, portanto, mais simbolizado. Há, aí, algo como uma cumplicidade. É o que mortifica e adormece os efeitos do discurso analítico, que, porventura, possam marcar sua presença neste ou naquele texto. Não vou me ater a este ponto agora, mas posso afirmar tratar-se de algo fundamental.

Ocorreu-me perguntar: de que lugar eu enunciava o que se presentificava no texto já estabelecido? E, mais ainda: para quem ele se dirigia? A que Outro eu o endereçava ao redigi-lo? A que público era dirigido? E qual a razão de tal desenvolvimento? E neste retorno, torna-se importante a seguinte pergunta: *de que lugar eu enunciava tal escrito?* De uma *experiência em curso*, de onde eu posso hoje pensar e retirar algumas conseqüências. O que me levou a desenvolver esse escrito foram determinadas situações que eu vivenciei ao longo de meus trinta e três anos de experiência de clínica e de teoria. Algumas situações complexas, difíceis de serem abordadas. Erros e acertos! Apego a posições dogmáticas que me levaram, às vezes, a responder de uma posição totalmente alienada a esse ou aquele discurso. Posições fechadas, portanto, sem nenhuma abertura para que pudessem emergir questionamentos.

O que se diria também de um percurso que sofreria sérias transformações, verdadeiras mutações que forjaram uma passagem da psiquiatria à psicanálise. Discursos radicalmente distintos e antinômicos, porém, franqueados pelo discurso psicanalítico. Este franqueamento traz consigo uma demarcação clara e explícita da antinomia entre o lugar que o psicanalista irá ocupar na direção de uma cura e aquele a que se propõe o psiquiatra. Esta passagem, fundada no exílio de uma privação, funda uma dissimetria que é irredutível, sem retorno. Ela foi construída com sofrimento e algumas turbulências. Não é fácil abrir mão de uma posição de poder. Com algum conhecimento de causa, pude optar por algumas saídas: deixar os tropeços alienantes, não sem longas e demoradas vivências de luto, que foram experimentadas ao longo desses anos. Deixar o estabelecido!

No início, só psiquiatria. O discurso analítico era persecutório. Todos os sintomas que eram trazidos pelos pacientes e que chegavam a mim, qualquer que fosse a dor ali presente, a resposta que eu dava era sempre uma resposta medicamentosa. Somente drogas, remédios! Logicamente que oferecia algumas poucas palavras que, certamente, nada tinham a ver com o que era dito pelo sujeito, posto que, o que era escutado era a ordem médica, ditada pelo discurso psiquiátrico que eu trazia dentro de mim. Quando estamos identificados a um discurso, escutamos e respondemos a partir de um traço específico, dominante, ao qual o sujeito está alienado.

Uma mudança se processa com o início de minha análise pessoal e uma "formação" analítica. Nessa época, o que os pacientes diziam começava a me incomodar. As queixas, que já se esboçavam em palavras, migravam e iam se postando no dispositivo de que eu me via fazendo parte. Nascia uma implicação naquilo que chegava e se transmutava numa escuta. O que os pacientes traziam de suas queixas dizia algo em mim. Isso que *dizia em mim* não era ainda formulado em um *dizer-se*. Mas já era alguma coisa! O que eles diziam se tornava passador de uma questão minha. Em outro lugar, na minha análise pessoal, eu já conseguia *me* formular como sintoma, constituindo, portanto, uma verdadeira demanda: aqui eu já podia vislumbrar os traços de minha patologia totalmente comprometida e articulada numa transferência. As queixas, os delírios, as certezas irredutíveis, tudo que os pacientes diziam, ou eram ditos através deles me concernia. Eu era atravessado e franqueado pela loucura que é a subjetividade humana. Parecia que o estado de inocência se esmaecia, me abandonava. Algo tomava e insistia, latente em meu corpo. Eu passei a carregar algumas palavras dos pacientes, que continuavam gestando no meu ser, à espera de um endereçamento mais eficaz. Como se uma barreira, um divisor, um muro protetor tivesse desmoronado. Começava a me implicar naquilo que eles diziam. Mais: passei a me incomodar mais com o que eles traziam sem estar tão armado e protegido de ordens estabelecidas. O uso e o abuso da prescrição medicamentosa, implícita na minha prática psiquiátrica, tem o seu declínio.

Interessante: nessa época, eu constatava que colegas psiquiatras que iniciavam um processo analítico, e *entravam* em análise, deixavam de ser psiquiatras. Com exceção daqueles que seguiam a carreira acadêmica, eram poucos os que continuavam operando também como psiquiatras. Este exercício era simplesmente uma questão de tempo, algo passageiro, e portanto, pontual. Por quê?

Outro fato observável, que acompanhei com meus próprios olhos, é que muitos psiquiatras, que fizeram uma formação psicanalítica "oficial", continuaram na posição de psiquiatras. É certo e seguro que não houve uma *entrada* em análise! Eles até freqüentaram o consultório de um analista, mas não se *apresentaram* à psicanálise a partir de um desejo decidido, ou seja, não conseguiram construir a abertura necessária que levasse, um por um, a crer no inconsciente. Pode-se conjecturar que o gesto analítico que se demarca no assentimento ao inconsciente não se realizou. Por isso mesmo não houve o deslocamento necessário do sujeito para uma posição nova e distinta daquela que se estabelecia anteriormente. O discurso analítico funda um novo tipo de liame social, e o que se verifica é que não haverá mais uma separação possível entre uma vida privada e uma vida psicanalisante. Confesso que a ausência de uma linha que separasse essas duas vertentes, não somente me intrigava, como era vivida por mim com uma dose de angústia. Eu estava doutrinado numa lógica clássica, onde tudo seria passível de uma delimitação, que caminhava sob a égide de uma dicotomia. Caminhos firmes e seguros! A entrada da psicanálise na minha vida desorganizou tudo, retirou as certezas que me serviam como âncoras. Agora eu me via trilhando um caminho onde não mais poderia encontrar suporte naqueles balizamentos, e as referências passaram a ser procuradas em outro lugar. O sujeito estará sob o jugo dos efeitos de uma nova ordem, a ordem particular de seu inconsciente.

Observei que esses psiquiatras não conseguiram construir o luto necessário desta passagem, permanecendo no patamar de um conhecimento analítico. Pode-se dizer que nestes casos a incidência de uma interpretação não produziu uma transformação efetiva na vida do sujeito, não franqueou o plano das identificações no sentido de uma abertura possível por onde se dá a construção da estrutura de uma destituição subjetiva. Por isso mesmo o desejo do analista não emergiu. Encontraram como saída uma relação de vizinhança com a psicanálise, desconectados do ato analítico.

Um psiquiatra, quando se analisa, torna-se *psicanalista*. Sim, esta será uma afirmação aceitável. Testemunhei e acompanhei de perto o movimento de alguns colegas que até saíram com diploma de psicanalista. Mas não se tornaram analistas. É certo que alguns até mudaram sua posição frente a seus pacientes. Operavam como psiquiatras numa abordagem que incluía psicoterapia. Passaram a levar em conta tanto elementos da sua subjetividade quanto da sua também.

O que já me intrigava, nessa época, era o seguinte: por que é que um psiquiatra quase sempre deixava a psiquiatria logo após ter se tornado psicanalista? Mesmo tendo constatado tratar-se de discursos distintos, eu não via nenhuma incompatibilidade operacional. Sabia haver algo a mais que precipatava um franqueamento que produzia o deslocamento do discurso psiquiátrico neste alguém que se encaminhava para uma formação analítica. O que seria? A resposta estava no fato de que esse alguém que se apresenta para uma "formação"analítica coloca a sua doença mental em análise. Ele se reconhece nesta e a coloca em tratamento, na direção de uma cura. Trata-se de alguém que toma a doença mental para si, enquanto o psiquiatra concebe a patologia mental tão somente *no* paciente. Sua formação é fruto de um aprendizado universitário que é inscrito no discurso médico. Aqui não está em questão nada que diga respeito a sua subjetividade. Seria uma loucura qualquer exigência que contrariasse a norma que designa a ordem médica. O que caracteriza o discurso psiquiátrico é esta maneira de conceber a doença mental somente no outro, do lado do paciente. Um psiquiatra dificilmente *se* coloca em questão na relação com seu paciente. Muito menos ele irá criar as condições para que o paciente se questione. Sabemos que o colocar-se em questionamento é a abertura inicial para que se estabeleça uma cura. Ele acredita que o simples curso universitário, esse que o inscreve no discurso da ciência, irá bastar para que ele possa conduzir um tratamento!

O só-depois colocou-me frente a uma realidade em andamento. Para mim e para tantos outros o anúncio de um deslocamento da "boa" psiquiatria, da assim chamada *psiquiatria clássica*, foi vivido como alguma coisa da ordem do traumático. Tive que construir e realizar um luto dos mais dolorosos, na medida em que não sabia como lidar simbolicamente com o que transitava de uma dívida para com meus três grandes mestres: Nobre de Melo, Leme Lopes e Portela Nunes. O discurso de uma neurociência tomou o lugar da psiquiatria clínica e, com isso, desmoronou todos os alicerces criados desta com a psicanálise. Sonhos que foram por terra. Eles estavam postados e arquitetados numa psiquiatria clássica, dinâmica, aberta a um diálogo maior com a psicanálise e com tantos outros campos do saber. O próprio Freud havia preconizado que a psicanálise poderia dar à psiquiatria a base e a sustentação de que esta carece. A psicanálise poderia oferecer à psiquiatria um suporte "psicológico". Muitos psiquiatras se deixaram seduzir pelas novas descobertas das neurociências, pela "vitória"de uma nova ordem médica e a consequente morte da psiquiatria. Caíram no canto de uma sereia de onde emana a promessa de felicidade. Facilitação! No berço de uma alienação, que se inscreve como o próprio princípio do prazer, alguns psiquiatras assimilaram o autêntico *desejo de submissão*. Passaram a caminhar numa mão única, sem nenhum questionamento, para não perturbar a ordem estabelecida! Sabemos que esta ordem médica é feita para ser obedecida. Ela não admite nenhuma interlocução com os outros discursos. A esperança tem sido colocada nos psiquiatras que seguem o caminho doutrinal e acadêmico em algumas universidades. Eles disseram não a este esquartejamento que a neurociência impôs à psiquiatria, e, a partir de uma dignidade sem limites, resistiram e têm insistido num retorno da psiquiatria clássica.

Essa passagem que se processou em mim, no seu início, será marcada pelo recebimento de pacientes de psicanalistas para, em algum momento, serem medicados. Eu já observava as enormes dificuldades no tocante à transferência nesses momentos. Um paciente que não tem uma psicose, estando em análise com um analista, quando é encaminhado para um psiquiatra para ser medicado, pode presentificar, aí, o que já estava presente: uma má-formação transferencial; um desvio, uma divisão, ou melhor, um desmembramento da transferência.

Mas essa experiência, ou seja, a de poder me deslocar entre a psicanálise e a psiquiatria, ocupando lugares distintos, me levava a demarcar com nitidez as variantes discursivas e, com isso, percorrer o campo das resistências. Muitas coisas eu aprendi. Ensinamentos que não estavam nos livros, e que, portanto, eu teria que me virar ali na situação de trabalho: ora como psicanalista, ora como psiquiatra.

Cheguei muito cedo à conclusão de que medicar um paciente que esteja no processo analítico era uma das questões mais *relativas* nessa área, sem nenhum apoio a regras estabelecidas, sem qualquer regência deste ou daquele paradigma. O que irá depender tanto do analista como do psiquiatra. Do *analista*, na direção do tratamento: o lugar em que ele se encontra na sua relação com a psicanálise, contando, com isso, seu percurso de psicanálise pessoal, sua formação "permanente", sua experiência clínica. Do *psiquiatra*: sua formação acadêmica, levando-se em conta o grau de seu envolvimento com as neurociências, sua crença ou não na eficácia de uma psicanálise, o teor de rivalidade que aí comparece. Aqui poderíamos adiantar que este "relativo" irá depender muito mais de dois aspectos referidos ao analista: do ponto que em ele chegou em sua psicanálise pessoal, ou seja, até onde conseguiu se colocar e analisar sua doença mental e sua capacidade de formular corretamente um diagnóstico em psicanálise. Testemunhei e pude concluir que muitas indicações de medicalização eram mais para "acalmar" o analista em suas preocupações. As situações que estavam em jogo se traduziam numa "*fragilidade temerosa*" que é própria e estrutural de um principiante. Esse processo se assemelha àquele em que o analista em percurso, na condução de uma psicanálise, coloca, de saída, um supervisor em cena, porque ele não se autoriza por si mesmo. Ele precisa de um suporte, uma garantia. Qual analista iniciante não se embaraçou nos seus primeiros atendimentos? A entrada de uma medicalização, em algumas situações, pode vir em suplência de um Outro, ainda consistente, de que o analista em formação não se desvencilhou.

Nessa época, um fato observável. Em dada ocasião, um colega encaminha-me uma série de pacientes, que estavam em análise com ele, para serem medicados. Em nenhum dos "casos", porém, eu via a necessidade da entrada da medicação. Não mediquei nenhum. Sabia do constrangimento que essa medida causaria para mim, para ele e, fundamentalmente, para o paciente. Cheguei a pensar se não se tratava de um sofrimento de tal analista, pois sabemos que todos estamos sujeitos a crises: somos seres humanos. O problema é que alguns têm consciência, outros não. Pensei mesmo que aquele a precisar de ajuda era o analista. O que veio se confirmar pouco tempo depois.

Outro fato: não faz muito tempo, fui procurado por uma família para atender uma jovem que acabara de fazer uma grave crise. Ela havia deixado o emprego que mal acabara de assumir. Tratava-se de um cargo de importância dentro da sua profissão e que lhe daria um ótimo salário. Não conseguiu continuar mais do que uma semana de trabalho em função de seu estado emocional conturbado. Ao recebê-la em meu consultório constatei que a paciente estava transtornada, em surto. Eu não estava certo: tratava-se de uma psicose? Havia dúvidas de que ela *tivesse* uma psicose. Apresentava um estado depressivo grave, irrupções de crises psicomotoras, idéias de suicídio e, ao lado, corria o desenrolar de um campo de idéias persecutórias e de auto-referência. Em razão de uma intensa agressividade dirigida ao pai, e do receio de um possível suicídio, a família queria a todo custo interná-la. Não aceitaram meu ponto de vista de que o "quadro" ainda não estava claro e que, por isso mesmo, eu era contra a internação. Consegui "negociar" com a família a entrada de um psiquiatra, que era o que eles queriam desde o início. Encaminhei-a para um renomado profissional. Por telefone ele me deu sua posição diagnóstica: uma *psicose paranóica*. "Nazar, *é* psicose mesmo!" A descrição da sintomatologia era perfeita. Já me era familiar aquele discurso, próprio da clínica de observação. Eu mesmo já o trilhara com muita mestria. A prescrição clássica: antipsicóticos e tranqüilizantes (de última geração). Minha preocupação: o diagnóstico de uma psicose e a conduta terapêutica daí decorrente, pode levar um paciente a trilhar o caminho de completa alienação para o resto da vida. Uma vez selado o diagnóstico de psicose, fatalmente teremos ali um "psicótico" para sempre! O paciente *será* um psicótico. É o que poderá determinar os rumos da vida desse sujeito. No caso dessa jovem, faltava um elemento que pode designar se alguém tem uma psicose: a *certeza*. Aquilo tudo ficou em instância na minha cabeça. Não conseguia pensar em outra coisa. À noite, interrompo meu seminário por algum tempo, peço licença ao público e vou até uma outra sala ligar para a paciente. Peço a ela que não inicie a medicação naquela noite e aguarde a sessão no outro dia pela manhã, para vermos melhor as coisas. No só-depois, o quadro se estabilizou. Ela elabora e conclui que o desencadeamento da crise deveu-se ao seguinte fato: justo quando ela inicia seus primeiros passos rumo a um belíssimo sucesso profissional (o que se comprovou após alguns anos), o seu pai, uma figura tão idealizada, caminha para um estado de falência, profissional e financeira. Ela pôde elaborar esse ponto, por onde tenta salvar o pai, pela via de uma identificação imaginária, ou seja, oferecendo-se numa posição sacrificial, mortificando-se e abolindo seu sucesso.

Outras situações poderiam ser esboçadas aqui para ilustrar como é tênue e sensível esta questão da entrada da medicalização num tratamento psicanalítico. Como, também, verificamos situações em que uma onipotência por parte do analista não permitiu que uma psicanálise caminhasse a bom termo: onde seria esperada a entrada de uma medicação, houve recusa por parte do analista. Às vezes, observamos que em situações de risco ou de uma crise emocional grave, uma medicação permite uma estabilização do quadro, no sentido de uma abertura à transferência. Nesse sentido, temos constatado erros graves por parte de alguns analistas ao não abrirem portas para um trabalho conjunto com psiquiatras. Sabemos, de longa data, que ao abordarmos pacientes que têm psicoses, dificilmente conseguimos estabelecer um viés analítico sem a concorrência de uma medicação psiquiátrica. São momentos delicados e é necessária uma prudência seletiva. Veremos que proporção toma este feito.

Medicalização da dor, o que é isto? O que é que se medica quando medicamos alguém que esteja no processo analítico? A medicalização está identificada a uma presença efetiva do medicamento: remédios, pílulas, drogas! Mas isso tudo se inscreve como significantes, não é mesmo? Mas poderíamos dar um passo a mais e arriscar dizendo: uma medicalização pode também comparecer quando, na direção da cura, o analista resiste e responde a uma demanda específica do analisante. Fundamentalmente quando o analista cai para uma "posição" de médico, respondendo, não mais a partir do discurso do analista, mas do discurso do mestre.

Vejamos de perto como se constitui o cenário por onde transita a tessitura da medicalização da dor. A entrada da medicalização: em se tratando de um medicamento, o que viria a ser da ordem do necessário? Um quadro de psicose, uma depressão, insônia rebelde, crises de angústia? Ponto delicado demais, tênue! Por quê? A psicanálise veio nos ensinar uma coisa difícil de se perceber, assimilar e aceitar. E, em se tratando de analistas, cabe falar de uma *aceitação inconsciente*, pois estamos apontando algo da ordem do traumático. É que não há uma fronteira clara e nítida entre o normal e o patológico, o louco e o não-louco. Por isso mesmo é que a mente humana não se deixa reger por uma lógica comum, em que se possam demarcar os limites do certo e do errado. É de uma outra lógica que se trata. Portanto, aceitemos o paradoxal, o absurdo, o não-senso. Mais: além de tudo, nada da ordem do antecipável. O passo construtivo do campo psicanalítico sustenta-se na lógica do só-depois.

Este cenário, que não seria de um semblante, não cessa de se mostrar como sendo novo, sempre novo! Como, quando, e a partir de que elemento da cura preconiza-se uma entrada da medicalização? Sem contar o problema da saída, ou seja, a retirada de um medicamento num paciente em análise. A medicalização, quando encontra sua porta de entrada numa psicanálise em andamento, não será abandonada tão facilmente pelo paciente. O lugar de sua inserção poderá se inscrever de uma forma cristalizada, como ancoramento de um ponto sensível de suposição de saber.

Sabemos que pode acontecer que um psicanalista "se acostume" a psicanalisar... Mesmo porque é comum que o automaton, que vige nas entranhas do encontro entre psicanalisante e analista, produza um certo adormecimento nisso que poderia se constituir como a incidência do *desejo do analista* na direção de uma cura. O retorno freqüente à realização das sessões analíticas faz nascer, aí, uma *inércia subliminar* que é tecida e articulada pelos desígnios alienantes da força de um hábito. E não é por menos, pois a matéria-prima que funda e constitui o não-cessar desse encontro é nada menos que as palavras nascidas de uma *causa* que se inscreve como um buraco real, que irá estabelecer o trilhamento de uma subjetividade que se demarca nas relações do sujeito com o Outro.

Portanto, podemos dizer que o movimento de um paciente às sessões de uma análise justifica-se num transtorno psíquico que está sob a ingerência de um encontro faltoso do real. O sofrimento humano advém de uma falta ou hiância estrutural. É a causa ou, se quisermos, uma não inscrição da relação sexual, a saber, a relação sexual que não se escreve. Este fato, traumático na sua essência, pede medicalização. Um paciente é aquele que sofre, traz em si uma dor, e por isso mesmo, pede, demanda! Cada um, na sua particularidade, saberá, no só-depois, a razão e a veracidade de sua dor. O que o paciente demanda do analista suscita uma resposta que não lhe convém. Há uma dissimetria entre aquilo que ele pede e o que ele recebe de volta. Não existem duas dores iguais. Cada dor é uma dor. Como também não há duas psicanálises iguais. Por isso mesmo, ninguém poderá afirmar: "nós fazemos análise com o mesmo analista". Não, ninguém, a não ser eu mesmo, faz análise com o "meu" analista! Um analista jamais será o analista de duas pessoas. Que resposta dará o analista na medicalização da dor?

O psicanalisante *procede* de uma insistência no trabalho que se orienta pela necessidade de um *dizer-se*. Ele buscará *dizer-se* no desdobramento de sua subjetividade desejante que o conduz ao exercício de uma produção de boas palavras. É onde se delineiam os parâmetros de uma ética que, segundo Lacan, está "centrada no real": ela irá inscrever a psicanálise operando pela via de uma clínica que se diria etiológica, que se fundamenta na *clínica da causa*, e que se desvela na *ética do bem-dizer*. Nesta clínica Lacan irá preconizar a importância de um "discernimento" onde o que se procura, a cada intervenção, é distinguir os elementos que habitam os alicerces da constituição dos impasses do desejo, do sintoma como resultado. Esta clínica da causa é tributária da falta de um significante na estrutura da linguagem, que se escreve a partir do matema $S(\not A)$, o significante da falta no campo do Outro. Uma falta a ser bordejada, seduzida, para que ela possa colocar suas mangas de fora: serão os efeitos do sujeito do inconsciente.

Esta falta estrutural não está à espera de um conhecimento analítico ou um saber construído, como prescritivo, nessa ou naquela direção. Nada de tamponamentos. A medicalização da dor, não se a identifica tão somente a um remédio, a um comprimido. Pode, também, comparecer como uma intervenção, inapropriada, apaziguadora, como, por exemplo, um sentido antecipável, dado pelo analista. O horror está presente na direção da cura. Até mesmo um adormecimento pelo lado do analista. Analista não dorme! Será? Veremos mais adiante, pois há situações das mais exuberantes sobre isso. O analista não precisa estar ali, roncando, para estar dormindo. Existem muitas formas de se *estar* dormindo. Ainda mais que o campo psicanalítico é propício às metáforas, não é mesmo?

Uma psicanálise sempre deve buscar alguma coisa, e essa alguma coisa, que não se sabe de saída, é o sujeito. Ou, mais propriamente, os efeitos de sujeito. *O sujeito do inconsciente é o objeto de uma cura analítica.* Portanto, o que se instaura desde o início deste processo é um movimento, um movimento calcado num despertar.

No início de um tratamento o que temos é um sujeito indeterminado, aprisionado, asfixiado gozosamente na demanda. No só-depois de um tratamento analítico, ao final de uma análise, teremos um sujeito determinado e referido na relação com a verdade de seu desejo. Ele está totalmente limpo do pedir, do demandar, das malhas do amor. Este sujeito da experiência analítica não estará mais desconectado e disperso na trama que é inerente aos impasses de seu desejo, nisso em que se constitui o campo da demanda.

Os quadros clínicos se constituem conforme a resposta que cada sujeito dá à castração do Outro, ao gozo do Outro. O sujeito poderá se ofertar como um objeto e constituir como resposta uma perversão. Poderá responder com um significante constituindo esta ou aquela neurose. Ou poderá responder com o seu próprio corpo, na produção de uma identificação imaginária, maciça, no estabelecimento de uma psicose. É isso aí. Cada paciente irá lidar com o seu desejo de uma maneira específica, limitada e contornada pelo sintoma que se evidencia nessa ou naquela estrutura clínica. A razão de uma clínica psicanalítica está na dependência de uma tessitura traumática do desejo, posto que este sempre estará implicado num gozo que é cernido pela estrutura. O que se verifica no início de qualquer tratamento, e isto é um fato de extrema importância, é que o sujeito não quer aquilo que deseja. Ao final do percurso analítico, quando se completa a operação analítica, o sujeito já pode querer aquilo que verdadeiramente deseja.

Há um princípio que se delineia no encaminhamento de uma psicanálise e que nenhum analista poderá deixar de segui-lo, sem correr o risco de criar um desvio com conseqüências sérias ao tratamento. Ele está na base da fundação do dispositivo analítico, como uma conseqüência direta do tornar-se analista e sua autorização: o psicanalista dirige o tratamento, mas não o paciente em análise. Ele acompanha os passos de um sujeito em análise no sentido de que aí possa se inscrever uma singularidade. É isso mesmo: o analista não deve de modo algum dirigir o paciente! Esta é a tese inaugural do célebre escrito de Jacques Lacan, de 1958, "A direção da cura e os princípios do seu poder", onde ele denuncia, com a simplicidade que lhe era inerente, o fato observável: "a impotência em sustentar autenticamente uma práxis reduz-se, como é comum na história dos homens, ao exercício de um poder". Estas afirmações fundadoras que delineiam uma situação analítica encontrarão, no só-depois, uma consistência maior a partir da fundamentação do ato analítico e do aforismo lacaniano "*o psicanalista só se autoriza por si mesmo*".

Todo e qualquer paciente quando caminha em direção a uma análise, ele segue em busca daquilo que não conhece e que acredita poder encontrar no analista. É um "desconhecimento" daquilo que o faz sofrer. Isso que é para ele "tão" desconhecido, e que se dá a despeito dele mesmo, é o que o faz sofrer e que quase sempre o conduz ao consultório do psicanalista.

A questão que se coloca é: *como esse sofrimento irá se articular numa psicanálise*? Eis aí a verdadeira questão. Podemos dizer que as chances de que possa acontecer uma psicanálise estará na dependência de como esse sofrimento será dialetizado nesse momento inicial, de como o paciente se verá frente ao mesmo, como alguma coisa sua. O que se espera por parte do analista é que ele remeta o paciente a *se dizer* neste sofrimento, e que o mesmo possa encará-lo como alguma coisa que verdadeiramente o faz sofrer e que ele quer tratar para se livrar dos tormentos que daí advém.

Para que uma psicanálise possa se instalar e caminhar na sua perspectiva de uma reinvenção, pode-se dizer que as coordenadas serão dadas pelo analista. No cenário por onde se inscreve sua autoridade de analista, veremos despontar sua responsabilidade frente ao que se configura como *uma direção*. Como se inicia uma psicanálise? Certamente que estará na dependência daquilo que, de uma saída, já se prenuncia no início da partida, ou seja, a saída já anunciada na partida.

O psicanalista encontrará o seu lugar a partir da própria implicação que o paciente confere à sua queixa. Este ponto inicial, de onde será dado a ver a construção de uma demanda de análise, se inscreve como uma inflexão por onde se demarca o campo de uma modulação transferencial: *de que lugar*? No Seminário, livro 11, os quatro conceitos fundamentais da psicanálise, (1964), Lacan irá lançar o estatuto do nascimento de uma clínica psicanalítica: *de que lugar*? Ao se referir à relação do sujeito ao Outro, aqui, o analista, fazendo as vezes de um lugar de suposição de saber, ele dirá: "Quem, desse Sujeito-suposto-Saber pode sentir-se plenamente investido? Não é aí que está a questão. A questão é, primeiro, para cada sujeito, de onde se baliza para dirigir-se ao Sujeito-suposto-Saber?". O delineamento do lugar do analista numa direção da cura será recortado num ponto da construção de uma demanda de análise. O analista irá ocupar o *lugar do analista* que é ofertado na transferência do paciente. O paciente que se destaca como psicanalisante funda um analista. É, sim, uma contingência, não-sem uma certa arte e mestria desse um que já passou por esse processo e que agora pode ocupar o *lugar do analista*. É aqui que se introduz: *de que lugar*?

Mas, nem sempre isso se dá. O destacamento de uma abertura na constituição subjetiva, para que se possa encontrar o traço pelo qual se enuncia um questionamento, não é simples. Trata-se de uma tarefa difícil, pois ambos, analista e paciente, terão que pagar algo nessa empreitada. O ensinamento de Jacques Lacan restaura a descoberta freudiana ao enfatizar a importância do ponto que habita a divisão inaugural do sujeito humano: como esse sofrimento será recebido pelo analista e relançado para o paciente como questão. Uma questão verdadeira por onde se possa traduzir a fundação de um *lugar de trabalho* que se situe no dispositivo analítico. O analista terá de criar as condições iniciais desse trabalho, para que o futuro psicanalisante venha se colocar face ao seu sofrimento e que, a partir daí, possa, como num passe de mágica, implicar-se no mesmo. Fazer parte, se implicar nisso de que ele se queixa. No início ele imputava a causa ou a razão desse seu sofrimento a algo fora dele, exterior a ele, ou seja, se justificava a partir de um outro. Quando se estabelece o início do tratamento, a partir das entrevistas preliminares, o sujeito estará fazendo parte justo daquilo de que ele se queixa. Se antes era tudo-outro, menos ele mesmo, agora, já não será mais assim! Agora ele se vê participando daquilo do qual tanto se queixava. O sofrimento traduzido como uma queixa desta ou daquela dor será inserido na tessitura do dispositivo analítico somente se o sujeito puder assentir-se a ele, incluindo-se, em formativa de questionamento, em razões causais, como implicado e "beneficiado" pelo mesmo.

O paciente que leva a um analista o seu pacote de queixas traz uma carta na manga: um sujeito do inconsciente totalmente viciado no seu sofrimento, na dor, naquilo tudo do qual ele tanto se queixa e que afirma lhe fazer mal. Trata-se de um cenário complexo e paradoxal, na medida em que estas são as marcas que ele carrega com uma certa satisfação, e que comparecem numa repetição sintomática, por onde ele se reconhece e se vê amado pelo Outro. Este será o campo nomeado por Lacan de um 'mais-além do princípio do prazer', a saber, o gozo. Quando se consegue criar as condições para que o paciente coloque em questão o seu sofrimento e se inclua nessa sua própria queixa, pode-se dizer que o passo inicial já está dado. É a fundação do sujeito da experiência freudiana, um sujeito, enfim, em questão no campo da linguagem. Não se trata de uma tarefa fácil. Fazer nascer aí, na sua queixa, uma verdadeira questão: será de onde o sujeito em análise poderá *dizer-se* deste lugar, *dizer-se* de um lugar por onde será delineado o plano das identificações. Única maneira de se sensibilizar a marcação de um gozo, por onde será detectada uma forma específica de um sujeito gozar, num fazer-se mal a si mesmo, não-sem uma satisfação num sofrimento que se nos apresenta insensata. E é nesse colocar-se específico e singular de um sofrimento que o analista criará condições de uma leitura que tornará possível do sujeito *se* implicando, nesse início, levar o futuro psicanalisante a se delinear, nessas suas formas de gozar. Nada de julgamento! Nada de dirigir o sujeito para esta ou aquela escolha! Ao dirigir a cura, o analista espera que se construa um saber sobre as relações tão íntimas de um sujeito com as suas formas de gozar. Paradoxal, nada mais que isso! Podemos afirmar que frente à esta insensatez, nós, analistas, resistimos. O sujeito só é humano porque é um viciado na sua condição de sofrimento, ou seja, daquilo que ele foi, como objeto, para o Outro. Uma posição de sacrifício, onde ele se reconhece como amado.

É isso. Eis uma vertente difícil de ser operada pelo analista. Criar condições para que o sujeito em análise se responsabilize no trabalho de se ver aí. Implicado, em todos os sentidos! No sentido deste assentimento frente a ele mesmo, numa posição de algo que agora lhe concerne, algo que lhe toca de perto, de algo que lhe é estranhamente familiar. A função do analista, neste início, é de vital importância: ele irá procurar algum indício do sujeito nesta queixa do paciente que se diz em sofrimento, e, com muito tato e mestria, irá caminhar com ele no sentido de uma implicação nisso que ele afirma que o faz sofrer e do que quer se libertar. Isto é muito sutil, pois o paciente que se queixa de algo, sempre estará dividido frente ao que ele diz que o faz sofrer. Trata-se de uma vertente estrutural que contorna todo e qualquer ser humano. É ele contra ele mesmo frente a estas coisas que afirma estar sofrendo e não tem nenhum controle. São situações mais fortes que ele mesmo e que ele vivencia contra si! Aqui o analista quase sempre será convidado a ceder, a ceder de seu desejo de analista. Este cedimento culposo pode dificultar o analisante a realizar o atravessamento do plano das identificações e, nesse sentido, retroagir aos efeitos alienantes e apaziguadores do discurso do mestre.

A entrada de uma medicalização da dor está em perfeita consonância, neste momento, à equação: desejo de se fazer amar (psicanalista-em-resistência e psiquiatra) e desejo de submissão (paciente-medicalizado). Esta equação, tão bem teorizada por Pierre Legendre no seu "Amor do Censor", irá nos ensinar os trâmites sobre a grande obra do poder. Ao final do percurso analítico o psicanalisado irá encontrar algo muito distinto daquilo que idealizara de saída. O que ele irá encontrar não é nenhum bem, nenhum ideal. Nesse final, nada de uma felicidade. O sujeito de uma experiência analítica é aquele que tendo sido analisado não cessará de se reencontrar naquilo que se recorta como causa de desejo. Ele estará desconectado de qualquer possibilidade de demandar isto ou aquilo, pois aprendeu que o Outro nada mais é que um lugar. Ao final o sujeito encontrará justamente aquilo que lhe falta. Isto é traumático por essência, posto que é de onde se desvela o real da experiência analítica, ou seja, uma simbolização possível da castração. Por isso mesmo as análises levam muito tempo nas suas realizações; por isso mesmo muitas análises se interrompem; o são, porque os analistas sempre fazem parte das resistências. Não somente isto. Há resistências próprias ao sujeito. Junto do analista, o analisante se propõe a trabalhar a sua subjetividade desejante na produção de significantes que o demarcam na sua historicidade. A posição do analista estará na ordem de um não-saber: não-saber, numa direção que não se ignora. Justo porque ele mesmo, o analista, já passou por este processo e terá percorrido todo o caminho da estrutura, de uma posição lógica estrutural da relação do sujeito com o Outro.

Nesse colocar-se dirigindo a cura o analista deverá criar as condições necessárias "para que o paciente aplique a regra analítica, isto é, as diretrizes cuja presença não se pode desconhecer como princípio fundador do que comumente chamamos de uma situação analítica" (Lacan, 1958). Este movimento coloca o psicanalisante na responsabilidade de trabalhar uma destituição subjetiva, que funda a proposição de uma operação analítica: o sujeito em análise irá escutar, naquilo que ele se diz, as modulações de um sentido que caminha no deciframento das suas palavras, a saber, os significantes que o representam e que denotam aquilo que ele terá sido, como objeto, frente ao desejo do Outro. O psicanalista opera na extimidade de uma escuta. Ele restará nos desdobramentos e mutações do percurso da estrutura que demarcam as relações do sujeito com o seu gozo. A posição ética exigível de um analista é justamente que ele se desloque nesse cenário no sentido de uma produção que é da ordem do saber inconsciente. Nada de conhecimento psicanalítico. Nada que se denote o assim chamado mundo das representações. Nada de uma medicalização. O saber inconsciente, como resultante lógica do trabalho analítico, emerge do real como o que se delineia no trilhamento de uma transmissão. O analista é aquele que pode *ler* daquilo que levou o sujeito em análise a se escutar nas suas palavras. Isso que se escreve poderá restabelecer o texto de uma nova vida do sujeito em análise. E não é para isso que alguém procura um analista? Extrai-se da estrutura do discurso analítico tudo aquilo que denota a marcação de uma lógica própria de cada cura. Nesta lógica em que o sujeito está inserido desde muito antes de seu advento, ele somente saberá ao final desta aventura tão enlouquecida. Lacan irá nos ensinar que o sujeito conquista, numa análise, sua "própria lei", e isto sempre às custas de uma modulação transferencial. Essa "lei, diz ele, começou a se articular antes do sujeito, nas gerações precedentes"(1959). Essa lógica irá se inscrever no encaminhamento de uma direção da cura e o sujeito não fará outra coisa na análise senão construir um saber de como ela se processa na condução de sua vida. Isto tudo será possível quando o analista introduz um corte radical no encaminhamento das demandas de alguém que inicia o processo analítico. Tal como uma criança, que necessita dos pais para viver os primeiros momentos de sua existência, o paciente inicial, este da *primeridade analítica*, terá o suporte do analista para se encaminhar tão somente na vertente de uma associação livre. Será neste encaminhamento que o paciente poderá conquistar o trilhamento de uma experiência analítica, em que ele irá assentir às primeiras mutações que demarcam o engajamento efetivo numa psicanálise. É nesse movimento particular que o sujeito da experiência aprende o que não se pode obter por meio da demanda. Trata-se de uma posição ética exemplar que introduz o que concerne ao que se tratará no seguimento de todo e qualquer trabalho analítico. Quando a demanda encontra lugar de insistência justo ali onde não seria mais cabível a sua inscrição, teremos a resistência do analista no seu mais alto esplendor. Uma resposta possível como o vir a ser de uma medicalização da dor. Pode-se supor a falta de uma intervenção, ou até mesmo, de uma interpretação num tempo lógico justo. Ou a resposta gritante de um limite da estrutura psíquica do paciente. Como também um chamado para que o analista seja ressituado em sua localização transferencial, de fazer às vezes do Sujeito-suposto-Saber (SsS).

Sabemos que o fundamento da instalação do dispositivo analítico está na dependência do analista, de como ele irá avaliar a colocação em cena do ato analítico. É isto que pode se situar os limites abrangentes de uma estrutura da relação do sujeito em análise e o Outro. É como semblante de um *objeto pequeno a* que ele irá circular a estrutura subjetiva, demarcando os pontos de fixação do sujeito do inconsciente e o objeto pulsional. A introdução de um questionamento verdadeiro pode permitir ao sujeito vislumbrar a sua posição desejante, no sentido de tecer uma efetiva inconsistência do Outro.

É importante enfatizar que quando ocorre uma resistência do analista, esta tenderá a desencadear a profusão de uma resistência própria ao sujeito no seu acercamento de um encontro faltoso com o real. O trabalho analítico quer que o inconsciente, que se estrutura como uma linguagem e que na direção da cura se articula como discurso, possa se escrever na fulgurância de uma literalidade.

O que se espera, e é o que muitas vezes acontece, é que por parte do psicanalista ocorra uma intervenção real do *desejo do analista* no sentido de uma insistência constante de um despertar no processo que se instaura. Mas nem sempre é assim que isto se dá! Neste sentido, o analista, como *presença do analista,* ressente-se como efeito de pontuação naquilo que o dispositivo analítico comporta de um encontro estrutural do desejo do paciente com o desejo do analista. Estes desígnios alienantes têm a ver com o ditame apaziguador de um amor de transferência que recobre o enodamento desse campo do desejo, que é traumático por essência, na medida em que é justamente aqui onde se vislumbram as implicações reais de um sujeito com o seu gozo. Sabemos que esse campo inercial imanta também o analista na proporção em que ele faz parte da economia psíquica do psicanalisante. Reafirma, com isso, que numa situação analítica não há exterioridade. O analista está imerso no campo habitado pelo desejo e pelo discurso que é, quase sempre, travestido pelo acalanto de um insidioso princípio do prazer.

Prestem atenção, pois estamos no campo de uma psicanálise e não no das psicoterapias. Mesmo se nos ativermos a um psicanalista dito "mais" experiente, ou a esse ou aquele com essas ou aquelas insígnias, dificilmente escapará das amarras de um imaginário, circunscrito à estrutura da situação analítica, que poderá reduzir a virulência do discurso analítico. De certo modo, os psicanalistas que trilharam uma formação permanente com uma maior seriedade, tanto numa psicanálise em intensão como numa psicanálise em extensão, irão se destacar um pouco mais desse imaginário ao se deslocarem no sentido de sofrerem menos os possíveis efeitos paralisantes dessas amarras que são as próprias resistências inerentes ao dispositivo analítico. Aqui não se trata de ser um analista mais experiente cujo imaginário social, e até mesmo alguns grupos analíticos desavisados, o nomeariam de mais "vacinado" e, portanto, "imune", pois dificilmente ele escapará das amarras desses efeitos alienantes que brotam frente ao real que habita este lugar ao qual todo psicanalista é instado a ocupar na direção de uma cura particular. A clínica psicanalítica, diz Lacan, é o real impossível de suportar. Sabemos, de longa data que, diante do real, *habitua-se;* habitua-se a responder desta ou daquela maneira. E não é justamente daí que nasceu o tão propalado formalismo prático, que diz ao analista "técnico" o que deve ou não fazer? O que caracteriza uma psicanálise e rege o seu processo é a ordem temporal do inconsciente: o só-depois. Ela é radicalmente antinômica a toda e qualquer tentativa das tão conhecidas medidas antecipadas, preconizadas por esta ou aquela manobra técnica. O psicanalista terá o seu lugar operacional determinado por uma estrutura lógica que o remete a um deslocamento constante de posição frente ao novo, ao inusitado, ao inédito. Este fato conjuntural é de extrema importância na direção de uma cura, pois é somente diante do inusitado do inconsciente que ele opera. A leitura que daí advém funda para uma psicanálise o caráter analítico, em que o novo é sempre novo.

Portanto, o que vemos nisso tudo é que há, no transcorrer de um processo analítico, resistências e mais resistências, e que, desde o início, Freud já preconizava uma atenção especial a este fenômeno, justamente no sentido de que estes também poderão tornar-se verdadeiros aliados do analista, se ele souber e puder, é lógico, bem utilizá-los na condução de uma análise. Jacques Lacan ao teorizar e formalizar estes momentos difíceis e, porque não dizer, insuportáveis que ocorrem em toda psicanálise, desvenda uma dissimetria existente entre a resistência própria ao sujeito psicanalisante e uma resistência do psicanalista: na especificidade do ato analítico, no que se demarca de um real insuportável, há o horror no que diz respeito ao saber inconsciente.

Pode acontecer também que um psicanalista venha a acreditar que a psicanálise ainda esteja afeita tão somente àqueles casos clássicos de neuroses, em que o encaminhamento não será dos piores, desde que aí se criem as condições necessárias para a instalação do dispositivo analítico: você fala e eu escuto! Eis aí uma boa equação. Diante da demanda de um paciente neurótico, o psicanalista, sentado tão confortavelmente em sua poltrona, permite que se estabeleça uma situação verdadeiramente analítica. Este "confortavelmente" pode parecer irônico para alguns, mas não o é, pois o lugar do analista é fruto de uma construção dolorosa, resultante de um trabalho de muitos anos de uma psicanálise pessoal atrelada a uma árdua pesquisa teórica e trabalhos de supervisão. Este exercício, que se inscreve como um *tornar-se analista e sua autorização*, irá depender em muito do que se pode construir de um trabalho de luto, o luto do analista. Ocupar este lugar, eis aí uma verdadeira arte! Trata-se de uma conquista, que se alcança no autorizar-se por si mesmo. Pode-se até dizer que são poucos os psicanalistas que se autorizam a ocupar esse lugar do analista de uma maneira confortável. Seria esta uma tarefa fácil? É lógico que não! Poucos são aqueles que conseguem estar à altura deste lugar e operar o trabalho analítico como "um divertimento sério" (Jean Allouch). Talvez seja este o ponto mais sensível e importante para fazer valer algo que possa colocar em andamento a direção de uma cura: basta empreender a arte da escuta, promovendo, em ato, o silêncio do analista como um dado de estrutura, situando-se adequadamente numa modulação transferencial, e daí intervir, não mais que intervir. É lógico que aqui ele não irá se esquecer do ódio, este elemento nascido das raízes do amor, que o sujeito psicanalisante carrega, sorrateiramente, nas mangas, e que corre pelas bordas do dispositivo que se instaura. Cabe ao analista poder situá-lo no âmbito do discurso analítico, no campo dialetizável pelas palavras, fundamentalmente no campo do simbólico que nesta experiência se constrói. É o mapeamento da presença do analista que fazendo parte da economia psíquica do psicanalisante, o que deixa entrever melhor sua localização desse analista como semblante de um objeto pequeno *a*, causa de desejo, na estrutura que rege o destacamento da relação do sujeito com o Outro.

Um fato interessante a se salientar é que hoje, muito mais do que antes, com o advento de um certo lacanismo, o analista pouco ou quase já não interpreta mais e chego a pensar que alguns dessa nova geração, talvez, nem mesmo saibam o que é uma interpretação, pois se acostumaram a se apegar à tão famosa frase de Lacan de que "o inconsciente já procedeu por interpretação, restando ao analista apenas sublinhá-la". Daí o analista lavar suas mãos e se colocar como verdadeiro morto, calado, fazendo às vezes de um velho artesão que acompanha a "cura" como se seguisse um féretro, tentando pontuar aqui, escandir ali e depois cortando as sessões. Esta seria uma tarefa fácil? Em absoluto!

É realmente isto: nós, analistas, muitas vezes encontramo-nos num certo esquecimento e chegamos mesmo a pensar que, pelo fato da psicanálise ter sido descoberta a partir das neuroses, ela seria uma espécie de reserva de mercado desse tipo de estrutura, ou seja, dos neuróticos! A amnésia, esta não é uma velha companheira de nós analistas? Não somente no sentido desses esquecimentos que advêm muitas vezes como uma resposta insípida frente ao acosso do real do trauma, mas também, e muito mais, a amnésia é própria à estrutura que rege o ato analítico. E não é mesmo num "fingir esquecer" o ato analítico que o constituiu que o analista opera uma cura? Muitas vezes, ao acolhermos demandas, explícitas ou não, de pacientes que apresentam outros quadros clínicos, somos pegos de surpresa e, não raro, somos acometidos pelo despertar que emerge rompendo esse automaton, e somos sacudidos num mal-estar, de tal maneira, que nos arrolamos num estado de aturdimento ensurdecedor. Não se deve tomar este apontamento numa direção que encontraria uma resposta em qualquer solução que emanasse de uma razão lógico-positivista. Pois aqui estamos habitando o campo sensível de um discurso, o discurso analítico, de onde se esvaem todas as certezas, todos os certos e errados, tudo que se apreste ao dentro e ao fora: é um discurso do inconsciente, onde uma verdade só poderia se inscrever como não-toda, e, portanto, ela mente. Não se trata de nenhum discurso lógico-positivista, como diz Lacan, posto que este seria o discurso sempre afeito aos semblantes, e que, portanto, poria à prova uma "verdade que poderia ser decidida por um sim ou por um não". A ética freudiana vem nos ensinar que a posição verdadeiramente analítica está sob o efeito de uma irrupção intempestiva do inconsciente quando de uma interpretação analítica, esburacando os elos das cadeias significantes, veiculando a verdade mesma de um analisante: "que o inconsciente diga sempre a verdade e que minta é de sua parte algo perfeitamente admissível" (1971), por isso mesmo o discurso analítico, ao colocar o saber em posição de verdade, não seria de um semblante possível.

Sabemos que isso pode acarretar conseqüências sérias na condução de um tratamento, sendo que, muitas vezes, o que temos é o abortamento do laço ou do vínculo nascente de um possível enganchamento transferencial. Hoje, mais do que nunca, observa-se o surgimento de demandas das mais variadas. Verificamos a presença do discurso analítico às voltas com questões ligadas a crianças, às psicoses, à dependência de drogas, ao alcoolismo e, até mesmo, demandas que partem do funcionamento de instituições tais como hospitais, escolas, etc. Com isto verifica-se uma elasticidade maior da posição do analista, o que não quer dizer que ele irá romper com ou se distanciar daquilo que comumente nomeamos como os parâmetros da ética da psicanálise. O que se nota é uma certa versatilidade da presença do *desejo do analista*, desejo esse que lhe permitirá tomar cada caso na sua particularidade e avaliar, em alguns momentos clínicos ou situações de direção de cura, a necessidade ou não da "entrada" de outros elementos na condução do tratamento, sem desvirtuar, com isto, o enquadre do dispositivo analítico, naquilo que se escreve de uma pertinência do discurso analítico. Estou falando de situações clínicas que *ultrapassam* o dispositivo. Essas situações independem do quadro clínico ou nosográfico em questão, podendo mesmo ocorrer em alguns momentos específicos da análise de um paciente histérico, obsessivo ou fóbico.

Hoje em dia, muito mais que em outros tempos, temos visto desvelar nos consultórios dos psicanalistas um número crescente de sintomas bulímicos e anoréxicos, e embora acreditemos que esses sintomas estejam apensos a uma determinada estrutura clínica, somos pegos de surpresa e relançados para outras patologias. São momentos extremamente delicados que, não raro, se insurgem em nossas clínicas quando somos desbancados do salto alto de uma posição defensiva e antecipada, e esperados responder de um outro lugar. Aqui se constata que o trabalho de associação livre está prejudicado pela irrupção de fortes emoções que levam o sujeito a extrapolar o enquadre analítico. Pode-se dizer de momentos de verdadeiros tormentos em que ambos, analista e psicanalisante, se estremecem e se estranham, não tendo onde se segurar neste ou naquele ponto de ancoramento. São situações muito difíceis de se contornar a partir da operacionalidade do discurso analítico, pois, não raro, dizem respeito a uma irrupção de crises intempestivas de angústia, sensações de morte iminente, insônia rebelde, agitação psicomotora, quadros de apatia generalizada. É freqüente brotarem tópicas compulsivas, com tendências lancinantes ao uso ou abuso de drogas, bebidas alcoólicas, ou seja, pontos que irrompem na subjetividade do paciente e que são traduzidos num vasto território de sofrimento e verbalizados ou não como uma verdadeira dor, que se diferencia em muito de outros momentos em que o sofrimento do sujeito é traduzido como uma queixa, assentados em boas palavras, ou, até mesmo, bem articulados discursivamente. Estes tópicos emergem e nos pegam de surpresa. Nada de uma possível orientação, nada de uma possível segurança. Por mais que tentemos nos questionar e redirecionar a cura, a dor persiste e toma conta do cenário analítico. Essa dor insiste com uma duração que sufoca o sujeito de forma atroz e dilacerante, deixando-lhe órfão de sua linguagem antes tão bem articulada, órfão de seu latim.

Que momentos são esses? Qual lugar será oferecido ao analista? De que lugar o paciente passa a falar ou a vomitar suas emoções, à espera de um mínimo de acolhimento? Acolhimento, essa é uma boa palavra, não somente nestes momentos de um transtorno no andamento de um tratamento analítico, mas em toda uma psicanálise.

Estou falando daqueles momentos que todos nós, de uma forma ou de outra, já experimentamos ou vivenciamos no cotidiano de nossa prática, seja como psicanalistas, ou até mesmo como pacientes e, não raro, advêm daí conseqüências pontuais, como o surgimento de um *excesso* que leva a um desvio de rota e que, quase sempre, desemboca no aparecimento de formas destemperadas de um acting out, ou até mesmo, de uma passagem ao ato. Quem não se lembra desses momentos? Momentos difícies, não é mesmo? Ao mesmo tempo funcionam como verdadeira bússola.

De uma psicanálise sabe-se o seu início e o seu final. No começo está o Sujeito-suposto-Saber, graças à transferência do psicanalisante e, no final, está o des-ser. Mas há o transcorrer de uma análise, uma aventura desconhecida. Esse tempo intermediário, entre o início e o final, são verdadeiros momentos lógicos que emanam da estrutura particular de cada sujeito, são os efeitos de sujeito que só se sabe depois. Esses seriam os pontos vitais de todo e qualquer tratamento, por onde se elucida o corte que separa os efeitos pontuais de um sujeito do desejo e o campo de uma subjetividade humana. É aqui a morada das marcações das estruturas de linguagem, de um sujeito, da verdade de seu desejo. A irrupção de material inconsciente não segue nenhuma linearidade. O tempo de uma psicanálise não é um tempo linear, é o tempo de uma asserção que engendra uma certeza antecipada. O analista tem que se virar com a emergência desses excessos. Sem julgamentos, sem preconceitos. O analista terá que acompanhar os passos do sujeito em análise. Não importa como ele se apresente. Bem humorado ou de mau humor. Triste, alegre ou amargurado. Vestido adequadamente, ou maltrapilho. Não importa o "invólucro formal de seu sintoma"! Por isto mesmo Freud, no início de sua descoberta, aconselhava os analistas a tomarem cada caso na sua particularidade, como se fosse único. Ele insistia que esquecêssemos aquilo que já sabíamos para que pudesse advir algo de novo. Portanto, os argumentos analíticos são da ordem da surpresa. Esses pontos de intensa dor nada mais são do que uma avassaladora irrupção de material psíquico que sobrevém de forma desordenada, desconectada, esburacando os elos associativos. Por mais que o analista queira se antecipar a eles, sua intenção revela-se ser inútil, pois toda antecipação frente ao real que aí não cessa de não se escrever é infrutífera em qualquer que seja o seu propósito. Insisto novamente com a pergunta: qual analista não passou por tão amargas experiências? São momentos de dor, diante dos quais ocorre ao analista se perguntar se cabe aí a entrada de um medicamento, se não seria esse o bom momento de colocar esse paciente em sofrimento em contato também com uma ajuda psiquiátrica. Ajuda de um psiquiatra numa psicanálise, o que é isso? Sabemos tratar-se de um outro discurso, de uma ordem inteiramente distinta daquela que se inscreve a psicanálise.E aí? O que seria diferente quando recebemos quadros de psicoses declaradas, onde todo e qualquer analista de bom senso introduz uma abordagem de ação conjunta, multidisciplinar. Aqui teremos a boa entrada dos neurolépticos e anti-depressivos, acompanhamentos terapêuticos e até mesmo uma internação. Nessas situações a instalação de uma psicanálise se dará numa abordagem conectada à psiquiatria.

Em princípio, esta seria uma medida não muito complexa, mas quando nos perguntamos sobre suas conseqüências vemos como se trata de uma situação de impasse. Na verdade, este não é um ponto tão simples como a princípio pareceu ser. Pelo contrário, na maioria das vezes em que ocorre essa possibilidade, o analista demora a decidir sobre o que fazer e, além de se questionar profundamente, não raro procura a opinião de pares, pois sabe os riscos que essa decisão implica. Vale a pena, portanto, aprofundar a discussão, mas caberia adiantar, levantando a questão de como a entrada de medicamentos nesses momentos é extremamente complexa, podendo decidir os rumos do tratamento às vezes para uma direção determinada antecipadamente, e portanto, dogmática. É fato, por exemplo, que a maioria dos psicanalistas de hoje não apresenta formação psiquiátrica. Diria, até mesmo, que alguns, de formação universitária as mais diversas, nem mesmo passaram por qualquer estágio em hospital psiquiátrico. Este fato constitui uma questão? Pode-se dizer que a formação psiquiátrica não se constitui como da ordem do necessário para um analista. Mas, não se deve negar as enormes contribuições que ela pode trazer a um postulante a psicanálise. Um psicanalista irá enriquecer em muito sua formação ao se confrontar sistematicamente com a questão das psicoses na sua inserção psiquiátrica. Conhecemos excelentes analistas que nunca freqüentaram curso algum de psiquiatria. Alguns analistas nem mesmo passaram pela porta de uma clínica ou de um hospital psiquiátrico.

Outro ponto a ressaltar diz do lugar da transferência quando da entrada de medicação. Há situações em que o psicanalista traz consigo *também* uma formação psiquiátrica. Esse analista, ele mesmo, medicaria o "seu" paciente em análise? Esta polêmica não deriva do fato de se o psicanalista tem ou não uma formação médico-psiquiátrica. Hoje, muito mais que ontem, constatamos que a maioria esmagadora dos psicanalistas não tem formação médica, e, portanto, psiquiátrica. É uma questão por demais complexa. Aliás, uma questão polêmica, antiga e até hoje sem uma resposta convincente. Como responder a esta pergunta? A balança sempre pendeu para um lado, como uma afirmação corrente: o psicanalista não deve medicar o "seu" paciente. Tal argumentação irá dizer de uma suposta neutralidade do analista, ou seja, no intuito de preservar o **setting** analítico, a medicação deve estar sob o cuidado de um outro, um psiquiatra que não seja o próprio analista. O analista conduziria a cura e o psiquiatra a medicação. Essa conduta estaria a serviço de preservar a transferência. Com isso, o analista estaria mais "livre", isento dos embaraços imaginários que provêm da entrada de uma medicação. Pode-se dizer também que haveria "filtragem" de uma modulação de transferência e o analista estaria sempre podendo ressituar o lugar de uma função, do sujeito-suposto-saber. Como se não bastasse há também toda uma problemática que reside do lado do psiquiatra. De forma resumida, pode-se dizer de uma preocupação em relação a este que medica: sua relação com a psicanálise, que vai desde um "medicar por medicar", quer dizer, fazer o seu papel, como também os graus e parâmetros de suportabilidade de ocupar um lugar... "coadjuvante" na condução daquele tratamento, sabendo o lugar que lhe será "reservado" no cenário da transferência. O psiquiatra aqui deve ser alguém que lide bem com a falta, com a castração. Muitas vezes, este paciente que ele recebe de um psicanalista, não necessita ser medicado, como também, ele terá que saber o momento certo de finalizar o trabalho "conjunto" e poder sair de cena, ou seja, tombar desse lugar. A questão se encerraria por aí? Não. Há analistas que portam também uma formação psiquiátrica, que não caminham nesta direção. Eles conduzem o tratamento analítico e, quando necessário, eles mesmos medicam. Aqui brotam outros argumentos, às vezes até mesmo contrários aos colocados anteriormente. Eles medicam e isso não é questão. Acreditam que é possível trabalhar esse gesto no "interior" da própria análise, a partir da transferência e das fantasias que advêm nesses momentos, na medida em que essa medicação será, numa psicanálise, traduzida em significantes. Não há regras, normas e caminhos pré-fixados a se seguir. Aqui, como em todo encaminhamento de uma cura, deve-se tomar cada caso na sua particularidade, a partir dos efeitos contundentes do ato analítico engendrado pelo discurso analítico.

Medicalização da dor. Qual a resposta? Muitos argumentos serão postos à mesa. Como ficam as oscilações transferências nesses casos? Este é o ponto nuclear que norteia esse contexto. Toda problemática reside na arte de abarcar as novas significações que emergem por conta da inclusão de uma medicação no cenário analítico. Uma coisa é certa e segura: a ajuda psiquiátrica a pacientes em análise traz conseqüências que chamam por novas interpretações na condução do tratamento. O analista deve estar atento ao lugar que ele irá ocupar e responder na transferência. O que requer um certa versatilidade, um deslocamento maior da posição do analista na economia psíquica do paciente. Trata-se da intrusão de algo que é exterior à situação analítica, exterior ao desejo que nasce dos passos do sujeito da experiência analítica. É exigido do analista um trabalho por vezes específico, uma atenção maior aos engodos que se redobram nas transmutação das séries significantes, que norteiam e esclarecem o ponto de fixação do sujeito a um objeto especial na sua historicidade. A intervenção do analista está na dependência do manejo da transferência, que bascula numa manobra entre o ponto em que o sujeito se vê amável, portanto identificado a um objeto específico, e o ponto lógico onde ele se vê produzido como falta. A medicação caminha contra uma pontuação analítica. Ela é a-rolha tinta do princípio do prazer. A medicação obtura a abertura possível por onde emergeriam os efeitos de sujeito do inconsciente: ela eterniza uma ilusão que coloca a função do sujeito-suposto-saber a partir de uma onipotência irredutível. É o que irá dificultar a finalização de uma cura.

As conseqüências que advêm da entrada de uma medicação, como não poderiam deixar de ser, acometem a ambos, analista e analisante. Cada um de forma distinta e particular, trazendo à tona um fator conjuntural que se refere ao enlace transferencial, fundamentalmente no que se esclarece na nodulação desejo do paciente e desejo do analista. Trata-se de um momento delicado demais, de uma abertura possível ao que diz do amor e do ódio de transferência: fator que se escreve como sendo da ordem de uma resistência. Do lado do analisante, ocorrerá uma certa inércia no trabalho de associação, com uma diminuição da produção significante. A medicação será esse Outro idealizado e onipotente que irá trabalhar a subjetividade do paciente. Ela irá trabalhar pelo paciente, esta será uma fantasia presente. Esta é a perspectiva de um não querer saber de nada disso. O que se observa é um sujeito não se implicando em nada, que imputa a razão causal dos seus males a uma problemática cerebral. Ele irá carregar esse corpo estranho como um objeto interiorizado que irá polarizar todas as fantasias inconscientes demarcadas na história do sujeito. Algumas vezes a medicação entrou em cena como a única saída que o paciente encontrou para salvar o analista, ou seja, a resposta precisa a uma resistência do analista. Eis aí uma barreira de proteção que o paciente encontrou para derivar suas fantasias de ódio. Pelo lado do analista, um certo "pouco investimento" da energia própria à presença do analista". Quando o analista cede de seu desejo, não se poderá afirmar que o mesmo esteja tão presente testemunhando uma cura. Pode acontecer de uma diminuição da responsabilidade do analista.

José Nazar
Médico, psicanalista, é membro fundador da Escola Lacaniana de Psicanálise do Rio de Janeiro

Resenha: *A Ética da Paixão: Uma Teoria Psicanalítica do Afeto,*

Marcus André Vieira
Jorge Zahar Editor: Rio de Janeiro, 2001.

"A vida é curta demais para contentar-se com palavras. E difícil demais, porém, para dispensá-las".
(Comte-Sponville, A.)*

Extrair da paixão sua ética, permite determinar o sujeito na responsabilidade de seu ato, apontando à reversão fundamental operada pela psicanálise no campo dos afetos. Pois, se o afeto encontra-se tradicionalmente aproximado ao mundo energético que anima a existência humana, em oposição à razão que lhe dá sentido, observa-se que com a psicanálise, a ilusória dicotomia entre corpo e mente é prontamente interrogada pelo próprio advento do inconsciente em sua função discursiva. Sendo assim, o afeto já não se estabelece mais como "um quantum de energia amorfa, por vezes caótica...", quase animal, impropriamente descarregada sobre um pobre corpo que dele padece. Pelo contrário, o que o livro de Marcus André Vieira vem demonstrar com precisão e clareza é a pertinência do afeto, mantidas as peculiariedades de tal pertinência, ao enredo significante que tece as tramas da implicação do sujeito em seu destino. Isso não quer dizer que o autor reduza o afeto à sua função significante, nem tampouco que o faça corresponder a um estado prévio à representação. Descreve-o, isso sim, em sua conexão a pontos cruciais da constituição do sujeito, tocados pela experiência analítica, tais como pulsão, desejo e gozo. E será mesmo essa experiência, a do sujeito no particular de sua constituição, a via que o autor de algum modo privilegiará para estabelecer com seu livro uma minuciosa cartografia da complexa teoria psicanalítica do afeto tal como proposta por Freud, ressaltando que *(...) esta teoria deve manter-se, tal como a própria psicanálise, estruturalmente precária do ponto de vista de sua*

* Comte-Sponville, A Bom Dia, Angústia!, Martins Fontes, São Paulo, 1997.

universalização (...). Mas, se pela via exclusiva do particular seríamos certamente conduzidos a uma infinitude de histórias clínicas, que de nada contribuiriam nos esforços de formalização e transmissão do lugar do afeto na psicanálise como indicativo da posição do sujeito, também uma apropriação exclusivamente universal do tema nos traria o risco de uma exegese da noção de afeto bastante distante de sua incidência em termos discursivos.

Evitando assim qualquer uma das duas exclusividades, o autor permite-nos acompanhá-lo na rigorosa construção de um saber sobre a questão do afeto em psicanálise, saber esse que, fundado na ignorância das regras que o constitui, mantém-se exemplarmente localizado por Marcus André Vieira no intervalo entre o particular clínico e o universal conceitual. Apresenta-nos, para tanto, a possibilidade de que seu livro, *acrescido de índices temáticos e de uma coletânea de citações escolhidas*, consista em *um guia para a leitura de Freud e de Lacan sobre o afeto, que possa servir tanto para iniciantes quanto para praticantes.* Nesse sentido, revela-se o cuidado do autor na revisão de conceitos freudianos fundamentais, necessária ao bom atravessamento do tema, bem como a articulação destes a referências clínicas que possibilitam sua delimitação ética. Porém, é no *segundo roteiro de leitura*, eleito pelo autor como seu preferido, que a presente publicação adquire, de fato, toda sua originalidade, afastando-se em definitivo de sua origem acadêmica como tese de doutorado. Pois, se com a indicação, para esse segundo roteiro, de que a leitura do livro se dê a partir de seu final, o autor já demonstra uma abordagem bem pouco convencional do tema em questão, sinaliza ainda mais, com o inusitado de tal indicação, os efeitos de uma subversão aí produzida. Estabelece-se, assim, uma relação de avesso, em um *sentido inverso do primeiro*, entre as duas possibilidades de leitura por ele assinaladas. Mas, ainda que, em ambas as direções, o afeto se encontre desde sempre distanciado de qualquer concepção biologizante que certamente o descreveria em termos corporais de descarga e/ou de acúmulo de energia, será mesmo na segunda via de leitura proposta que o afeto encontrar-se-á inscrito em sua radical aproximação ao que é da ordem do dizer. Exige-se, então, que o afeto seja agora examinado à luz dos rigorosos parâmetros que fundam e que sustentam a ética da paixão na psicanálise. *Ética da paixão, aqui, afirma que existe não somente uma leitura psicanalítica do afeto, mas que existe também um discurso freudiano das paixões, que encerra em si a única realização possível desta teoria.* (...) *Somente assim os efeitos dessa nova leitura dos afetos podem passar da análise para a vida e da psicanálise para a cultura.*

Mas, afinal, de que modo se organizam no livro de Marcus André Vieira os termos fundamentais *dessa nova leitura dos afetos*? Partindo do que ele propõe como *discurso em ato*, o autor, ao invés de reunir os afetos em uma lista conceitualmente exaustiva, demonstra a *lógica de funcionamento* que regula os jogos da paixão, em que os afetos encontram-se discursivamente dispostos e que têm, por princípio, o não-conhecimento apriorístico das regras que constituem tais jogos. *O afeto é este jogo de linguagem tanto mais apaixonante quanto mais se funda sobre a ignorância de seu fundamento pulsional.* Nessa direção, nenhum afeto se mostra mais apropriado do que a angústia para introduzir o exame da lógica assim demonstrada. *Tudo começa com a angústia,* nos lembra o autor, e esta servirá, de fato, como a situação paradigmática que aponta à precariedade dos recursos neuróticos frente à incidência do desejo do Outro. Definida como *uma experiência de desmoronamento radical das escoras subjetivas*, a angústia, tal como encontra-se apresentada no último (ou no primeiro) capítulo do livro de Marcus André Vieira, franqueia o acesso do leitor ao mapeamento dos afetos que compõem o sentido da existência do sujeito. Tal mapeamento apresentará, então, um elaborado estudo de afetos como amor, ódio, ignorância, fúria/ciúme e inveja, depressão/luto e tristeza, alegria e mania, culpa/temor e piedade, dentre outros. Porém, se em um caminho "natural" estaríamos, a partir desse estudo, próximos à configuração de um compêndio sobre os afetos, a destreza do autor em manter seus enunciados inscritos em uma lógica estritamente psicanalítica, enlaçando-os com o fino *fio da experiência analítica*, não permite que esse fechamento aconteça. Pois, se o autor conclui que *o afeto pode se constituir como um meio de abordagem da ética da psicanálise. Ele nos faz ver o invisível. Permite ouvir algo desta ética, silenciosa mas falante, particular mas transmissível, pois transpõe a tragédia para o espaço do drama menor da cena afetiva, que ele representa*(...), mantém mesmo aí, em sua conclusão, pontos de abertura na questão dos afetos, essenciais à manutenção do *discurso em ato* inicialmente proposta; *douta ignorância* que opera e faz trabalhar.

E é mesmo por esse chamado ao trabalho que *A Ética da Paixão: Uma teoria psicanalítica dos afetos* convoca o leitor a abandonar seus pré-conceitos, biológicos e/ou psicológicos, relativos ao afeto para enfrentar, no jogo das paixões, as dificuldades de sua apreensão. Para tanto, o capítulo que no livro trata das *Questões de Método* situa claramente, a partir de algumas distinções metodológicas, os bons instrumentos, necessários a esse percurso.

Enfim, se a partir do livro de Marcus André Vieira podemos perceber a complexidade que envolve o tema dos afetos, especialmente se o enfrentamos com o rigor que a psicanálise exige, é também daí que depreendemos a relevância de seu estudo. Pois, se *o afeto interessa, antes de mais nada, porque ele é a substantificação da paixão*, é como *âncora do sentido* que ele tomará sua função, desde onde o sujeito é possível advir. Para tanto, trata-se de seguir a interessante indicação do autor recolhida no texto de Lacan: *Não devemos tomá-lo (o afeto) como substantivo, mas sim fazê-lo passar ao verbo.*

Só assim, *A descoberta da gramática de uma estrutura singular é o que permitirá inventar o paradoxo de um saber, sempre já escrito e, ao mesmo tempo, novo, que opera no tratamento e na vida.*

Resenhado por:
Letícia Nobre
Psicanalista Membro da Escola Letra Freudiana.

Resenha: Os Errantes da Carne, estudos sobre a Histeria Masculina

Jean-Pierre Winter. Rio de Janeiro: Companhia de Freud, 2003
Rio de Janeiro, 2003

Fascínio e paixão ainda existem, mas não na nossa literatura dita psicanalítica. Eu diria até que a temperatura reinante é a morna. Existe na literatura analítica a estranha divisão entre os textos que possuem o cunho de uma teoria bem trabalhada, com o rigor que a academia exige, e aqueles que ousam pela via do ensaio e que surpreendem tanto pela demonstração de agudeza clínica, quanto pelo nítido sentimento de estarmos diante de um autor. O livro de Jean-Pierre Winter prima pela segunda via.

Notavelmente escrito, é uma verdadeira descida aos infernos, uma transposição das fronteiras, quase uma iconoclastia, sem apresentar experimentalismos gratuitos. Sensibilidade clínica e racionalidade são características de um autor que conhece o arsenal teórico e o maneja com maestria e segurança, extraindo dele todas as possibilidades.

De fato, mais de um século após os trabalhos de Charcot e Freud, a idéia continua sendo subversiva: os homens são, com mais freqüência do que reconhecemos, histéricos.

Durante muito tempo a histeria diria respeito apenas ao belo sexo. Foram necessários vários trabalhos para mostrar que a sexualidade humana está ligada ao aparelho simbólico e, sendo assim, a histeria não se relaciona ao órgão útero, a ter ou não ter uma cavidade no corpo. Seria o caso de admitir que este oco causa bem mais estragos quando se encontra situado não no corpo, mas "na cabeça".

Isso vem a propósito, principalmente quando o que há de mais específico na histeria é habitar uma posição discursiva onde se exerce com habilidade um apelo ao mestre, o outro, apenas para lembrar-lhe de que ele não é tão mestre assim. Um dos aspectos decisivos da histeria é sua plasticidade sintomática, testemunhando o que há de mais verdadeiro para a psicanálise: o que há de maior motilidade é exatamente o sintoma, embora ele muitas vezes surja sob a face de uma frieza estática, tanto no sujeito que sofre, quanto nas expressões sintomáticas freqüentes num determinado momento histórico-social.

É baseado nesta observação clínica que Freud inicia seu texto de 1896, *A Etiologia da Histeria*, com a citação "As pedras falam", (*Saxa Loguntur*!), demonstrando que por trás da paralisia histérica há uma história articulada na cadeia significante e não uma via nervosa real. Para Freud, para além dos sintomas ditos histéricos, a questão que o histérico se formula estruturalmente situa-se no nível do ser: ele se pergunta quem ele é, homem ou mulher?

Ao longo dos tempos, porém, ainda encontramos e sempre encontraremos a histeria interrogando o sacerdócio, a medicina, o político, o judiciário e o econômico, verdadeiros mestres em seus corpos constituídos. Se, por um lado, houve a conquista do direito ao gozo, tivemos que conviver, paradoxalmente, com a diminuição da potência masculina, o aumento de casos de infertilidade feminina, a obesidade, anorexias, drogas, etc. A construção estética dos sintomas é assim substituída segundo a parafernália que a cultura oferece para elidir a impossibilidade da harmonia, o que para a psicanálise seria elidir a castração. Se hoje temos a pílula azul que mantém a ereção, os homens, por outro lado, sofrem de pânico e suas mulheres continuam frígidas e deprimidas. As medicações não conseguem remediar os nefastos efeitos colaterais: são verdadeiros sexolíticos, em geral obturam a libido, embotam os afetos e engordam.

E assim a histeria denuncia que por mais que a ciência prometa que viveremos dias futuros sem a idéia do sexo e da morte a nos assombrar, ela, a ciência, ainda não reconhece que a única cópula possível é a do significante.

Assim, para Winter, em seu livro quase tabu, o homem histérico estaria denunciando essa impossibilidade de harmonia por trás da "frigidez de sentimento, ejaculação precoce, e um contorno perpetuamente instável, decepcionante, sempre alhures e à espera". Sabemos que para a psicanálise a eterna pergunta sobre a diferença sexual e a não inscrição dessa no inconsciente é um dos seus marcos na concepção do homem na cultura. O próprio Freud afirmou que a única diferença palpável entre um homem e uma mulher para além da anatomia, era a incrível superioridade feminina na arte de tecer; fora isso não havia diferença. No entanto, a prática analítica permite constatar que efetivamente, no divã, o discurso mantido não é o mesmo caso seja uma mulher, quando ela se situa do lado mulher, ou um homem, quando ele se situa do lado mulher, que fala, em relação a um homem, ou uma mulher que situaria do lado homem. No entanto, Winter nos indica uma bússola a seguir que, no caso dos ancestrais dos histéricos homens, devêssemos procurar em relação ao assassinato do pai, não a cumplicidade entre o ato criminoso dos irmãos, mas sim, o histérico se alojaria ali, no lado da mulher, daquele que olha a cena. Curioso pensar que, no mito freudiano, as mulheres são objeto que leva esses homens a se baterem. Elas na inscrição mítica, não estão como querem alguns num lugar passivo e sim num lugar relativamente enigmático. Ali exercendo a cumplicidade no ato, elas olham a cena e, logo, transformam esse ato em nada passivo. Ou seja, há no infinito uma fantasia originária de que ninguém consegue "comer a mãe do histérico". O homem histérico, sem poder gozar, segue sem descanso em busca daquilo que é ser um homem; a ele está fadado o engano, já que em seu desejo, nada sabe que o desejo é o desejo do Outro. Ele não satisfez à identificação porque o lugar de seu pai na economia parental do casal não lhe permitia isso.

Esse pai sempre passivo, vivido como insignificante, apesar ou por causa de sua violência para com a esposa, ele não cessará de procurá-lo indo à frente de todo mestre que se apresente. Esse pai, que para o filho é insuportável supor-lhe o lugar, e que paradoxalmente sua mãe havia preparado para ele desde seu nascimento, dizendo-lhe mais ou menos estas palavras: " Tu és um homem, tu, não como teu pai. Mas se, justamente, esposei teu pai, é que de homem não quero saber na minha casa, por que aqui, o homem sou eu. (...) Meu garoto, quero que sejas o homem que sonhei e que recuso, como te recusei quando fizeste te tornar esse homem". É nesse sentido que o histérico masculino encarna o que é um homem para as mulheres. Há no fundo de qualquer histeria um ponto de localização no coração do casal, ali onde falha, onde se dá a insatisfação – o que é estrutural na histeria, mas que no homem, comparece como iniciativa de salvar a mãe que não passa de ser "salvar a si mesmo", pois esta "mesma mãe que ele ama e odeia é aquela que o deixava sozinho, entregue a si mesmo, a seus fantasmas e suas fobias".

A questão do histérico homem, quando se coloca, trata-se na verdade de uma posição feminina. Não se trata de um problema de escolha do objeto, mas de uma dificuldade de identificação simbólica, como se algo escapasse à trama, à procriação, estando o sintoma a mascarar a situação de desejo inconsciente. E se para a psicanálise só existe desejo do desejo do Outro, o histérico é aquele que diz ao outro: "Encarnas uma verdade de que nada queres saber e recalcas. Para te fazer sabê-la, pagarei em meu corpo e te obrigarei a decifrar meu corpo como tivestes que decifrar os hieróglifos gravados nas Pirâmides. Mas o que encontrarás não é o saber que me habita, mas o saber que recusas." É por isso que o histérico "erra de carne em carne", tal como Dom Juan a pular de casamento em casamento, pois sua busca está em supor que o Outro enganador está encarnado em diferentes pequenos outros e não no recalcado que eles encenam e que é certamente doloroso revelar.

Essa errância, durante muito tempo assimilada em psiquiatria à grande mobilidade dos humores e dos afetos nas mulheres, encontra sua expressão metafórica no homem no nível de sua conduta, de sua instabilidade profissional, amorosa ou geográfica. O histérico sofre do drama de não ter nome, de ser um exilado. Ele não se reconhece no nome que o habita e é isto que faz com que ele precise de outros nomes. É justamente por julgar ter um nome, emprestado que se pode ter todos. Ele sofre de um sentimento simulado, um sentimento mórbido de que a felicidade deve ser vivida clandestinamente, reconhecendo apenas dois tempos: o passado, que é a realidade, e o futuro que é o sonho.

É essa verdade que choca Viena, quando Freud revela que a psicanálise é uma nova leitura, cuja radicalidade ainda permanece até os dias de hoje, formalmente inaudita. Se, por um lado, a leitura psicanalítica consiste em enxerto de sentido sobre o não-senso aparente da sucessão de significantes, o inverso também é verdadeiro.

Ao reler o Antigo Testamento, trabalhando o sacrifício de Isaac, Freud aponta para o equívoco do verbo "olé", que em hebreu significa "sacrificar" mas também "subir". Fadado a sustentar o desejo de Deus na terra, Abraão decide levar a experiência até seu limite extremo. Deus lhe diz: "Suba com o filho até um holocausto na montanha." Esta decisão, quanto ao sentido que convém dar ao desejo do Outro, é o que há de mais visceral em psicanálise. Abraão, ao escolher compreender "sacrifício" quando poderia ter entendido "elevação", nos mostra tudo o que um homem é capaz de fazer, uma vez que só pode encontrar seu desejo no desejo de um Deus que o horror do sacrifício faz consistir.

Em "Moisés e o Monoteísmo", Freud categoriza que, ao aprender a falar, o filho do homem se apropria, para transmiti-lo por sua vez à sua descendência e à sua revelia, daquilo que gerações que o precederam se transmitiram sem saber. É o que Freud chamou de herança arcaica. Para Winter, "o histérico é aquele que obriga aquele a quem ele se dirige a traduzir um pedacinho de retorno do recalcado arcaico, sob a forma de um saber". Mas ele é também, em razão de sua estrutura, aquele que, de modo prevalecente, transforma em simbólico os traumas de sua geração". Eles tomam para si os traumas que estão ligados à contestação do primado da função fálica. Eis porque Lacan dirá "que não há histérico macho que não seja uma fêmea".

Essa dupla descendência, essa dupla fidelidade, esse pertencimento, faz com que o autor traga à cena de seu livro o movimento marrano* como um paradigma da histeria. No fundo, Winter explora no marranismo judeu a condição do próprio homem em sua mais íntima ("ex-tima") relação com o inconsciente.

Para Winter existem duas maneiras de considerar o marranismo: acidente histórico no final do século XV; ou como cristalização de um fenômeno latente que o judaísmo encena e que encontrou naquele século e oportunidade de se manifestar.

"Maran" essa palavra, se origina, pois, desde o *Gênese*. O primeiro dos hebreus, a saber, Abraão, introduz-se na corte do faraó - mentindo sobre a identidade de sua esposa Sarah, que ele faz passar por sua irmã. "Certo não trata aí, no sentido próprio, de marranismo, mas já do fato de que quando se trata de salvar o essencial, a mentira ou sua forma arrumada, o equívoco, são admitidos".

Tomando a prece *Kol Nidré* ("Todos os Nossos Votos"), como a escritura fundante da condição judia, Winter interroga se esta prece, uma das mais fundamentais, das mais discutidas, das mais espantosas é a causa de numerosos conflitos e mal-entendidos, entre judeus e cristãos. Lida três vezes em seguida, na noite da maior festa judia Yom Kipour, dia do Grande Perdão, esta prece diz mais de uma vez isto: "Todos os votos, juramentos, renúncias, banimentos, maldições, brasfêmias e toda repressão podendo passar por tal que pudemos pronunciar e com que pudemos carregar nossa alma desde esse dia até o próximo dia do grande perdão, possam eles nos salvar, de todos estes compromissos nos arrependemos; que sejam eles desfeitos, perdoados, rejeitados, anulados. Que percam força e valor. Nossos votos não são votos. Nossas renúncias não são renúncias. Nossos juramentos não juramentos". E a comunidade responde "e que o perdão seja concedido a toda a comunidade das crianças de Israel e ao estrangeiro que se aloja em seu seio".

Winter interroga se, ao longo dos séculos, o fato dessa prece ter sido alvo inclusive de perseguição dos judeus, não deve-se ao fato dela em si mesma conter em seu seio "o caráter impres-

* Marrano ("porco", o que é proibido, ilícito) (conversão cristã dos judeus portugueses, espanhóis).

sionante de uma enunciação coletiva". Cito-o:

– "É toda a comunidade que, solenemente, desfaz os vínculos do juramento a vir, ao passo que o interdito do falso testemunho, por extensão, é endereçado a cada sujeito
individualmente".
– "... assim o Kol Nidré é, no nível coletivo, a resposta desculpabilizante diante à impossibilidade de uma fidelidade, que querendo-se absoluta, não passaria de imaginária enganação. Ele funda esse real inanimado e inominável, esse resto que cai da não adequação entre a linguagem e o mundo"... "o Kol Nidré é aquela lembrança do subentendido, ou do mal-entendido perpétuo, sobre a qual se funda o ideal de fidelidade".

O autor propõe reconhecer na historicidade da posição marrana seu caráter quase estrutural. "– Poderíamos entrar no debate que consistiria em nos perguntar se esta duplicidade é uma conseqüência da perseguição à qual judeus desde sempre estiveram expostos, ou ao contrário, esta perseguição é a resposta dos não-judeus a este duplo discurso". O autor dialoga inclusive, com o messianismo judeu. Winter nos coloca diante da diferença entre o messianismo cristão, que ao contrário do marranismo tanto quanto no messianismo judeu, supõe a reencarnação, por outro lado, o que encontramos nesses dois últimos como sustentação é um discurso que renuncia a encarnar-se. "Assim a espera messiânica fez da vida judia uma vida sem sursis, em que nada jamais está adquirido em definitivo, em que nada está irrevogavelmente realizado". O judeu, é nesta tradição, aquele para quem o objeto do desejo é o desejo de desejar" – "Isto fez da existência judia implicar numa tensão de que de fato jamais encontra calma e que não se resolve nunca".

Na verdade, desde a noite dos tempos, o judeu sempre se constituiu entre duas línguas.

Esse mecanismo fundamental, esta cerzidura judaico – cristã, começa em si numa dívida que a princípio não se encontra fixada de antemão. Estando o povo judeu fadado a sustentar o desejo do Pai, neste eterno apelo de reconhecimento, isso coloca-o então numa relação direta a uma fatalidade ainda pior: a de que o destino criado por um Deus, não tenha mais sentido. Em contrapartida tornou-se impossível odiarmos nosso inconsciente, pois somos responsáveis, a partir daí, por nossas escolhas, mas no mesmo golpe, fundou-se uma exclusão. Os filhos desse Pai negarão com a ignorância de saber. Na verdade, esta exclusão produz no sujeito o não-saber. Esse nó do saber e da culpa está no cerne da estrutura do inconsciente.

Na verdade desde a revelação judaico cristã colocou-se isto de saída. Deus está morto, ou seja, o Deus do destino está morto. Sendo assim não poderia mais negociar com ele o peso da minha existência, com a morte de Deus nasceu uma responsabilidade ainda maior, e até então desconhecida. Ao mesmo tempo, nasce o pai figura do mestre, político, ou religioso, lugares que metaforicamente se engendram para garantir a lei para o sujeito, até, então, entregue a sua sorte. No entanto, encontramos um paradoxo estrutural: para haver "garantia", ou seja, uma autoridade real que porte uma legitimação, é necessário que esta venha no fundo de uma palavra que seja um ato e portanto eminentemente subjetiva e singular. Daí a imagem patética do Pai: ele não garante nada, pois, para que advenha o ato, ele necessita que seja proferido pelo sujeito e não pelo Pai. Sucede-lhe, então, com efeito, uma imagem que esvai-se sujeita aos avatares da história. Figuras humilhadas do Pai. E será a partir daí o momento de maior desarvoramento: tomar a si o encargo de restaurar e salvar a imagem desta autoridade. É assim que determinado grupo, família e até mesmo um sujeito, conduz sua própria queda por querer recuperar a força e a coesão. É esse o trágico moderno. Com a morte de Deus, restou apenas a terra para que os homens possam explorar. Começando a vigorar a exploração dos bens nasceu a acumulação dos mesmos. Como a lei do desejo é refratária ao serviço dos bens cabe ao sujeito então, se ver deslocado a se refugiar no sintoma, ou mal-estar da civilização. É por faltar este espaço para o desejo, que faz com que este ódio materializado se torne uma verdadeira potência nuclear, nas formas "duras da segregação e da devastação".

No caso do povo judeu, ao lembrarem o tempo todo o ódio mortal de que são objeto, eles acabam por confessar a ilusão do amor que esperam receber das nações. Pensando-se inocentes, imaginam esta mesma inocência no outro, daí sua angústia, e um sentimento difuso de perseguição, manifestando-se em perseguições reais.

Esse "trauma dos mal-batizados", na verdade comum a todos, faz do humano assim como o neurótico, cegos em busca de seu texto latente, á procura de seu lugar para a inscrição dos significantes ancestrais, para que finalmente possam esquecer. À título analógico, ao autor refere-se a esta dupla inscrição, a condição marrana de Freud encontrando aí as razões para a invenção da Psicanálise.

Os errantes da carne, traz em seu título e em todas as suas páginas a equivocidade dos inúmeros sentidos e orientações que esse maravilhoso livro pode tomar. À certa altura, o leitor encontrará, uma análise da atualidade quando, o autor, retrata em suas páginas as relações entre a ciência e a religião, e o quanto esses dois discursos juntos nos nossos dias farão dos campos de concentração de outrora um mero grão de areia para o que está por vir. Freud era claro e não fazia concessões; para ele a religião sobreviverá, pois ela desestimula o pensamento e dá prazer. E a ciência, por sua vez, da verdade, nada quer saber. Aí residem nestes dois elementos, a bomba atômica discursiva na humanidade.

"Nesse sentido, as guerras de religião não passam de guerras de fantasmas e os integrismos de todos os tipos, de recusas em levar em conta sua dimensão fantasmática, transformando-as em certeza total. O integrismo congela o objeto do desejo num ídolo seguro e permite assim ao sujeito fazer a economia do risco de deciframento que o mantém, na tensão, à beira do esvaecimento. Antes matar, então, do que esvaecer".

Winter mostra, que da mesma forma que encontramos em casais a repetição de sua posição parental que concerne na verdade à história do cônjuge, há nas guerras, na mesma forma do casal, o desencadeamento de uma violência incontestável. Pois " cada povo acaba por repetir o que o povo do lado não pode ou não quer rememorar".

Ainda assim, ele , o autor, nos relembra a atualidade do seminário de Lacan – *A Ética da Psicanálise*, quando não será por acaso, que o pensador francês escolhe Antígona como paradigma. Lacan não era ingênuo, e ele não nos brindava somente com uma história abolida na noite dos tempos. Lacan falava sim de um sujeito moderno, de uma clínica bem próxima, para nós até os dias de hoje. Não estaríamos ainda a viver como mortos-vivos à barbárie dos campos de concentração – o que faz do Afeganistão, Bagdá, Golfo Pérsico o retorno do horror que pede para não ser recalcado? Winter pontua em seu livro que Lacan havia preconizado que estaríamos vivendo uma virada histórica constituída pelo advento da ciência moderna, quando esta visa, através do sistema capitalista, integrar o universal. Lacan nos advertiu que este movimento discursivo comportaria ao mesmo tempo uma extensão jamais conhecida, até então, das devastações e da segregação.

Assim como na tragédia grega Antígona, o que acontece é que desde o "Shoah" o que tivemos é uma mutação simbólica de nosso universo mental. Parece que a fronteira do que deriva do fantasma e que deriva do real não parece mais intransponível. Desde então, vivemos numa erosão simbólica, há um indecidível, uma errância nas gerações, como se as sombras dos insepultos ou "como gemidos do pássaro cujos filhotes foram roubados" ainda nos acompanhassem.

A modernidade é filha de deportados, "cada um em lugares diferentes e que não devem ser confundidos, antígonas, murados vivos na recusa de ceder à barbárie". Winter aponta que a clínica de nossos dias talvez denuncie esse limite que é o de uma lei que funda o humano, mas que não está desenvolvida em nenhuma cadeia significante, em nada. "Esses pacientes, filhos de filhas de deportados, que querem eles, senão o impossível? A aplicação dessa lei para além das leis, dessa lei das honras funerárias". Vale a pena citar na íntegra esta bela passagem de seu livro – "confrontados com esse impossível, como não se sentiriam eles impotentes, suspensos entre a vida e a morte? Não são nossos pais que escaparam dos campos que são sobreviventes, pois sobreviventes eles estão vivos, e é de fato a questão. Daí porque nós, seus filhos, somos aterrorizados por essa ruptura da lei humana, na qual eles foram implicados a contragosto, não temos outra saída a não ser a errância".

O autor busca nestas relações entre os movimentos atuais e textos da literatura a especificidade clínica da histeria.

O tema recorrente do sacrifício em histeria é o que mais enlaça a relação do sujeito a um outro. A histeria é, antes de mais nada, o nome que damos ao laço que o neurótico tece com os outros através de suas fantasias.

É possível reconhecer a face específica da histeria num percurso analítico; trata-se de sujeitos que estão à espera de receber do Outro não a satisfação que plenifica, mas, curiosamente, a recusa. Essa eterna expectativa desapontada desemboca na perpétua insatisfação, num discurso acusatório frente ao Outro. Ele ocupa sempre, como bom neurótico que é, o papel do excluído. É desse lugar de gozo que comparece a tristeza, um certo olhar perdido e melancolizante no histérico. Nesses momentos tão característicos é que se torna possível reconhecer a identificação histérica com o próprio sofrimento da insatisfação.

O histérico cria uma situação conflituosa, encena dramas e depois se apercebe, com a dor da solidão, de que tudo não passou de um jogo do qual ele é parte excluída. A paralisia histérica resulta, na verdade, na impotência em desmascarar o Outro. Uma das queixas freqüentes é que há na histeria um certo quê de oferecimento, mas na verdade não há entrega. O histérico é um dissimulado, ele brilha com sua aparente arrogância, a usar o tempo todo um certo movimento ativo de rechaço.

Toda esta construção é por temer a violabilidade fundamental de seu ser. A psicanálise denuncia que o maior temor humano é a realização do seu próprio desejo. De um desejo que traz em si a fantasia de que um dia possa realizar-se na satisfação de um gozo ilimitado e absoluto. É justamente essa possibilidade que é insuportável para o sujeito, exigindo que seja temperado com cenas e fantasias protetoras. É isto que a experiência clínica evidencia: nós não sabemos o que experimentamos.

A ética que advém da experiência analítica é a partir da singularidade, daquilo que não nos une, mas uma ética daquilo que nos separa uns dos outros, e sobretudo, daquilo que nos separa de nós mesmos, e de que, de alguma maneira, nós também somos aquilo que perdemos. É sobretudo a partir dessa noção que o livro de Winter pode ser lido como um clássico, um admirável ensaio de como sugerir uma complexa teoria por meio de pequenos fragmentos do cotidiano e da atualidade e de grandes nomes da literatura, filosofia e psicanálise, como Shakespeare, Cervantes, Albert Cohen, Espinosa, Arendt, Lacan. Torna-se difícil situá-lo na nossa literatura. É fácil perceber que esse é um livro solitário e por mais que queiramos contextualizá-lo, nós, com nossos eternos hábitos de buscar influências, não as identificamos.

O livro possui uma temporalidade. Ele simplesmente acontece. O capítulo "A memória contra a lembrança" é simplesmente sublime. Apesar de possuir um ritmo de raciocínio encadeado e arrojado, demonstrando que sua escrita é fruto de uma elaboração de saber e não meramente produção de conhecimento, o autor conduziu sua letra possibilitando que capítulos também tivessem autonomia. Cada um representando a abertura de uma nova associação de idéias.

É ... trata-se de um livro de exceção. A Companhia de Freud acertou ao editar esse livro, que chega em boa hora para lembrar aos analistas que talvez estejamos obsessivos demais em nossa escuta. E, também para aqueles que de algum modo sentem ou sofrem essa exceção na carne, esse livro não pode vir a faltar.

Resenhado por:
Luciana Abi-Chahin de Oliveira Saad - psicanalista-membro da Escola Lacaniana de Psicanálise do RJ

Jean-Pierre Winter é psicanalista. Publicou numerosos artigos e *Les hommes politiques sur le divan* (1995, Calmonn Lévy).